Mamá por Etapas

Beatriz Espinoza de Zapata

EDITORIAL

Vida

DEDICADOS A LA EXCELENCIA

La misión de Editorial Vida es proporcionar los recursos necesarios a fin de alcanzar a las personas para Jesucristo y ayudarlas a crecer en su fe.

ISBN 0-8297-1215-1

Categoría: Autobiografía

© EDITORIAL VIDA
Miami, Florida 33166

Cubierta diseñada por Ana Bowen

Printed in the United States of America

03 04 05 06 07 g 7 6 5 4 3

*E*ste libro está dedicado a:

Mi amado esposo:
Virgilio
Reflejo de Cristo dentro de nuestro hogar en
paciencia,
servicio y
ejemplo . . .
Verdadero líder espiritual
¡Gracias por hacerme mamá!

A mis preciosos hijos:
Bellita,
Becky,
Junior
¡Gracias . . . gracias hijitos!
¡Me han enseñado mucho!

A los hijos de mis hijos:
Hector Enrique
Liza Rebeca
Futuros siervos de Dios . . .
Los amo

Índice

Introducción

℮n 1920, en el norte de México, se conocieron dos jóvenes. Él era un joven predicador y evangelista, tan dinámico y potente que entre el pueblo evangélico se ganó el apodo de "pico de oro". Ella era la segunda hija de una familia acomodada; una joven mujer bella con un gran talento musical, una magnífica pianista. Ambos era de abolengo cristiano evangélico. Sus padres y abuelos habían sido predicadores y líderes en las iglesias evangélicas del norte de México.

Esta joven pareja era de la generación post-revolución mexicana. Dicha revolución no fue sólo política; también trajo cambios culturales muy marcados en todo el país. Ellos, como jóvenes, también deseaban cambiar el mundo.

En el pensamiento de Dios, ya había germinado la semilla de usar a esta pareja para cambiar la manera como se proclamaba el evangelio. Al enamorarse y casarse decidieron vivir dentro del hogar lo que predicaban fuera del mismo. "¿Ustedes quieren cambiar al mundo? — les dijo Dios —. Bien, harán lo que les indique."

Con el nacimiento de cada hijo principiaron a usar métodos prácticos no sólo para llevarlos al conocimiento de Jesucristo sino también para poner en práctica en la vida diaria, dentro del hogar, las actitudes de Cristo.

Nacieron siete hijos. Dos de ellos muy pronto fueron al cielo. El mayor murió a la edad de dieciocho años, cuando estaba por entrar a prepararse para el ministerio cristiano en un seminario teológico de la ciudad de México. Quedamos cuatro.

Yo fui la única hija mujer de la familia. Todos mis hermanos se han dedicado al ministerio cristiano como pastores y líderes.

Lo que siempre me ha impactado es el hecho de que nuestros padres no contaron con consejería prematrimonial, ni matrimonial. No tuvieron a su alcance libros, revistas o artículos que les dirigieran. No existían organizaciones internacionales de mujeres o de consejeros, y mucho menos nacionales. Jamás hubo en nuestro hogar un libro cristiano que hablara de la familia, los cónyuges o los jóvenes. Eso sí, leímos muchas biografías de misioneros o libros puramente devocionales que ayudaron a forjar nuestros valores cristianos; pero nunca vi un volumen sobre las relaciones entre los padres y los hijos, o alguna obra similar.

¿Qué tuvieron nuestros padres? El deseo profundo de vivir en la intimidad del hogar lo que predicaban desde el púlpito. El recuerdo más lejano que tengo es el de estar medio despierta y sentir, en el frío de la madrugada, que mi papá iba a taparme y se arrodillaba a los pies de mi cama para orar por mí.

Muy a menudo mis hermanos y yo recordamos con nostalgia lo que nos despertaba: el murmullo de nuestro padre orando por nosotros. Lo hacía en voz alta, para que nunca nos olvidáramos que en nuestro hogar siempre había una llama de oración por los hijos que ardía constantemente.

Sufrimos muchas penalidades, ya que mis padres eran muy pobres. Mi papá era evangelista itinerante. Recuerdo muchas veces que regresaba al hogar sin nada de dinero tras haber predicado dos semanas seguidas. Pero traía frutas, granos o panes que los hermanos de las pequeñas iglesias le regalaban como "ofrenda de amor". Pero ni yo ni mis hermanos recordamos haber pasado hambre. Papá siempre repetía, basándose en el Salmo 37:25: "Mi descendencia no mendigará pan."

Nunca fue dueño de un automóvil. Lo que él tenía era una vieja mula. Sobre ella viajaba a las aldeas, las ciudades y los pueblos hablando de Jesús a todo el que encontraba, para terminar con masivas campañas evangelísticas en las ciudades grandes.

Mi mamá, fiel compañera idónea, sin quejarse jamás de vivir en pobreza, sufría las críticas y los malos entendidos de la familia, de gente del pueblo y aun de los hermanos de las iglesias. Pero Dios la usó. Con su visión de ganar a los niños para Cristo llegó a fundar más de quince iglesias evangélicas en pueblos pequeños en el norte de México.

Éramos una familia normal. Entre hermanos nos peleábamos, discutíamos y nos ayudábamos; ciertos días nos amábamos y otros días nos odiábamos. No fuimos una familia perfecta; pero todos estábamos conscientes de que éramos una familia *distinta*. Nuestros padres esperaban que cada uno de nosotros nos dedicáramos al ministerio cristiano a tiempo completo, ya que para eso habían tenido hijos. No nos ocultaron el deseo de su corazón.

Aunque ese era el deseo de ellos para nosotros, no miraban con desprecio a los que deseaban que sus hijos fueran comerciantes o profesionales cristianos. No juzgaron ni criticaron a los demás. Ellos sencillamente hacían lo que Dios les había mandado hacer.

Mis padres llevaron de tal manera la vida cristiana y la aventura de servir en el pastorado que todos naturalmente caímos en esa hermosa y bendita vocación. Como resultado adicional, los hijos que Dios nos ha dado son participantes también de esa gran bendición: el servicio a Dios de tiempo completo.

Hoy día, en que gozamos de una gran variedad de ayuda espiritual para la familia, como congresos, conferencias, consejería familiar, libros, folletos, programas de radio y televisión, la iglesia evangélica enfrenta sus mayores problemas a nivel familiar. Dios nos ha concedido el privilegio a mi esposo y a mí para que juntos viajemos por muchos países. Hemos visto que en otros países de América Latina la situación familiar está igual, y hasta peor. Este no es un mal geográfico; es un mal en todo el planeta.

Satanás ha lanzado sus dardos más afilados contra la familia, para poder poseer las generaciones venideras, y los cristianos le hemos dejado el campo abierto. Lo hemos hecho tal vez por ignorancia, por negligencia o por haraganería. Lo cierto es que la familia es un campo fértil para Satanás y allí saca las mejores ganancias.

No sé de usted; pero yo no estoy dispuesta a que el diablo, mi enemigo, me quite a mis hijos. Y no es que ellos se "vayan al mundo", tomando drogas, olvidándose de la iglesia o cometiendo delitos, sino que, sutilmente, serán cristianos tibios, sin compromiso con la iglesia o la sociedad, ni con Dios mismo. Simplemente asistirán a la iglesia, calentarán su asiento todos los domingos, y llevarán su vida como cualquier otra persona: en sus propias fuerzas.

Los hijos necesitan entender que Dios debe infiltrarse en todas las esferas de su vida, a todo nivel. Él debe ser el principio, el centro y el final de toda decisión. Él debe ser la esencia misma de su existir; debe ser la razón de su vida.

Todo lo que acabo de decir tiene que ver con este libro que usted tiene en sus manos. No puedo atribuirme ningún mérito por lo escrito. Mi único propósito es pagar una deuda. Estoy muy consciente de que soy deudora.

Soy deudora a Dios por haberme salvado y hecho partícipe de la vida eterna. Debido a mi deseo constante de pagar en parte la deuda de haber nacido en un hogar cristiano y ser heredera del conocimiento de Dios, deseo compartir con otros la experiencia de ser madre. Confieso que me ha costado mucho. Cambiar actitudes, patrones de pensamiento, hábitos y mucho más no es fácil. Pero el constante recuerdo del Espíritu de Dios: "¡Cuidado, tu hijo te está observando!", me ha impulsado muchas veces a callar en vez de reclamar mis derechos, a llorar en silencio y en lo oculto por las injusticias, las críticas y los problemas y a tratar con todas mis fuerzas de poner en práctica ante mi familia la verdad de lo que canto:

> Gozo da servir a Cristo, en la vida diaria aquí . . .
> Cada día Él da poder. . . me ayuda a vencer. . .
> Y da gozo, gozo, en el corazón.

A través de las páginas de este libro quiero identificarme con mis consiervas en el ministerio cristiano. Mi esposo y yo amamos el ministerio a los pastores y sus esposas. El pastor y su esposa son ovejas sin pastor. Mi corazón se regocija al comprobar que ya hay ministerios específicos que sirven a estas consagradas parejas. ¡Pero falta mucho por hacer! Mi oración es que las esposas de pastor al leer esta pequeña obra puedan encontrar ánimo, ayuda y bendición para ser la clase de esposa que Dios quiere que sean y la clase de madre que Dios necesita para sus hijos. Pero no pienso sólo en ellas sino en cada esposa y madre, en cualquier circunstancia de la vida.

He orado por cada letra y párrafo de este libro. ¡Cuánto anhelo que Dios lo use para traer gloria a su nombre! He orado por usted. Mucho antes que usted tomara este libro en sus manos, le pedí a Dios que fuera de bendición para su corazón.

Este es mi pacto con ellos, dice Jehová: El Espíritu mío que está sobre ti, y mis palabras que puse en tu boca, no faltarán de tu boca, ni de la boca de tus hijos, ni de la boca de los hijos de tus hijos, dijo Jehová, desde ahora y para siempre.

Isaías 59:21

Capítulo uno

Reflexiones de una madre

Porque verá a sus hijos, obra de mis manos en medio de ellos, que santificarán mi nombre . . . y temerán al Dios de Israel.

Isaías 29:23

*U*sted tiene en sus manos la realización de un sueño y la contestación de una oración. La concepción y el nacimiento de este bebé no ha sido fácil. Tuve necesidad de todo un equipo de apoyo emocional y espiritual para que pudiera sentarme a escribir. Mi familia ha sido mi principal apoyo. El personal de nuestro ministerio cristiano ha cubierto mis ausencias sin imaginarse en qué proyecto estaba yo ocupando mi tiempo. El Espíritu Santo me ha despertado durante muchas noches y madrugadas llenando mi mente de ideas y ánimo. Dios, mi Padre celestial, no ha estado únicamente sentado en una esquina observándome, sino que su presencia ha sido dulce y confortante.

Al escribir este libro he tratado de hacerlo con sinceridad y apertura. He llorado (¡al fin mujer!) al recordar con nostalgia los años idos: mis hijitos pequeños, sus travesuras, sus bracitos extendidos para ser consolados, su adolescencia y juventud y las lágrimas que me hicieron vertir por sus actitudes, la falta de responsabilidad, las malas contestaciones, y tanto más. He vertido lágrimas al recordar las horas de profundo gozo que me dieron al dedicar su vida al ministerio cristiano y al casarse con parejas dedicadas a Dios. Esos años ya se fueron; pero queda su historia. Esa historia la relato consciente de que todo ha venido de Dios y sólo por su gracia ha sido posible.

Soy una mujer normal, común y corriente. Tengo dones y habilidades igual que todo cristiano; dones y habilidades concedidas por la voluntad soberana del Espíritu Santo. Vengo de cuna humilde y toda mi vida he tenido que trabajar mucho para lograr lo que he deseado. No soy ajena al cansancio, a la enfermedad, al esfuerzo, a la perseverancia ni al sufrimiento. Tampoco soy ajena a la bendición y la fidelidad de Dios. Su mano me ha protegido, su sabiduría me ha indicado el camino y su presencia constante me ha hecho feliz.

Cuando Dios me llamó al ministerio cristiano, a los diecinueve años de edad, impresionó sobre mi corazón la necesidad de entregarle mi deseo de casarme. Como toda mujer joven y, dicho sea de paso, muy romántica, yo deseaba casarme con alguien que me quisiera toda la vida. No fue problema para mí el día que Dios dispuso interrumpir mi vida y revelarme que hasta ese deseo tendría que ser puesto bajo el completo control de Él si yo le nombraba mi Rey y Señor, mi Dueño absoluto.

Por alguna razón que ignoro, o no recuerdo, no fue difícil para mí poner ese deseo a los pies del Señor. No porque soy muy sumisa o espiritual, sino porque me pareció lo más normal. Si yo iba a estar al servicio del Todopoderoso, Él tenía que dar todas las órdenes y mi deber era cumplirlas, sin discutirlas.

Estoy segura que mi formación en el hogar tuvo mucho que ver en esto. En mi hogar, lo que decían mis padres se cumplía, sin discusión. Así que cuando Dios me declaró sus intenciones de manejar todas las esferas de mi vida, lo acepté.

Dos años después de haber aceptado el llamado al ministerio cristiano, Dios interpuso en mi camino al hombre de mis sueños. La historia de nuestro romance es fantástica, emocionante e insólita. ¡Ojalá algún día pueda publicarla en un libro! Serviría de mucha inspiración para algunos jóvenes románticos que llenan nuestras iglesias. Sin entrar en mucho detalle debo decir que el compartir mi vida con un siervo de Dios ha sido una aventura maravillosa. Nuestra relación no ha sido perfecta, porque somos seres humanos imperfectos. Por consiguiente, hemos procreados hijos imperfectos. ¡Pero hemos gozado viviendo juntos! Ha habido de todo: lágrimas, enfermedad, alegría, dolor, abrazos, sufrimiento, oración y, sobre todo, mucha risa. Juntos hemos aprendido el verdadero propósito que Dios tuvo al crear la familia.

Dios instituyó la familia como conducto principal a través del cual el hombre y la mujer fueran formados, educados y dirigidos para llegar a ser individuos útiles a su entorno social y portadores de genes espirituales para extender el reino de Dios en la tierra. Esta es una obra de gran magnitud. Me atrevería a decir que el formar una familia y ver individuos crecer y desarrollarse en todas las esferas de su vida es el trabajo más delicado que hombre o mujer puedan lograr.

Al crear la raza humana, Dios le dio responsabilidades que cumplir:

> *Y creó Dios al hombre a su imagen, a imagen de Dios lo creó; varón y hembra los creó. Y los bendijo Dios, y les dijo: Fructificad y multiplicaos; llenad la tierra, y sojuzgadla, y señoread . . .*
>
> Génesis 1:27-28

¡Cuánto hemos fallado en cumplir con estas órdenes! Por lo tanto, no debe admirarnos el que vivamos en un mundo degenerado, falto de fe, y en desintegración social, moral, física y espiritual.

Decidí escribir este libro por la carga grande que llevo en el corazón al observar hogares cristiano-evangélicos con una marcada anemia espiritual y procreando individuos sin ningún concepto de lo que Dios espera de ellos como cristianos. Hay un creciente número de evangélicos sólo de nombre. Se identifican como evangélicos porque no asisten ni comulgan con la fe mayoritaria de nuestros países latinos: la iglesia católico romana.

Son evangélicos . . . pero, ¿son *cristianos*, es decir, seguidores de Cristo?

En mi práctica de consejera me encuentro con personas de abolengo evangélico que desconocen por completo los principios de la vida cristiana. Lo más triste es que no tienen la menor idea de vivir como discípulos comprometidos con Cristo, es decir, ser verdaderos *cristianos*.

¿De dónde son estas personas? Casi todas son de hogares "cristiano-evangélicos". Es más, muchos son hijos de pastores y líderes de iglesias evangélicas. ¿Qué ha sucedido? Me atrevo a sugerir varias cosas:

1. Han nacido en un hogar donde se asiste a una iglesia evangélica pero donde la enseñanza bíblica no es puesta en práctica en el diario vivir.

2. Los padres evangélicos (algunos líderes) llevan una vida doble y, por lo tanto, les dan a sus hijos un doble mensaje: son uno en la iglesia, otro cuando hay visita y aún otro cuando están solos. Este mal es endémico. Principia con la pareja. Cuando todavía no tienen hijos, el varón toma liderato en la iglesia pero no dirige a su esposa. Ni siquiera piensa que debe tener la actitud de Cristo en todo lo relacionado con la vida que comparte con su esposa: su trato, su vida sexual, sus actitudes y sus reacciones. Muchos viven y siguen juntos "por apariencia". Al nacer los hijos, esas actitudes siguen multiplicándose y todo el núcleo familiar cae en la cultura evangélica, pero no son *cristianos*, es decir, verdaderos discípulos comprometidos con Cristo.

3. Existen lagunas serias en la enseñanza bíblica de la Escuela Dominical y en la proclamación práctica del mensaje de las Escrituras. En un capítulo de este libro encontrará la reacción de nuestras hijas pequeñas al escuchar el mensaje de su padre y predicador desde el púlpito: "¿Qué tiene que ver la transfiguración conmigo?" y "¡Papi, no entendí *nada* de tu mensaje!"

Los adultos debemos escuchar estas infantiles y sabias voces. ¿Será posible que nuestro mensaje esté homiléticamente bien elaborado pero que sea de muy poco contenido pertinente a las generaciones jóvenes que nos escuchan? Si no prestamos atención a esto contribuimos a crear generaciones de evangélicos y no a cumplir con el mandato del Señor: "Por tanto, id, y haced *discípulos* . . ." (Mateo 28:19).

He escrito este libro con mucha oración y ruego al Señor para que no se lea con el sentimiento de que deseo mostrar a una familia "perfecta". Mi anhelo como escritora es exactamente lo contrario. Quiero demostrar que los hogares de pastores y líderes cristianos están aun más expuestos a los ataques del enemigo, porque a él le conviene que en esos hogares no se practique el mensaje de Cristo ni se lleve una vida según las normas bíblicas, para que las próximas generaciones desarrollen una profunda anemia espiritual.

Una vez conquistado el terreno a nivel de padres, esa "tara" espiritual se logrará desarrollar hasta la tercera y cuarta generación.

> *Y pasando Jehová por delante de él, proclamó: ¡Jehová! ¡Jehová! fuerte, misericordioso y piadoso; tardo para la ira, y grande en misericordia y verdad; que guarda misericordia a millares, que perdona la iniquidad, la rebelión y el pecado, y que de ningún modo tendrá por inocente al malvado; que visita la iniquidad de los padres sobre los hijos y sobre los hijos de los hijos, hasta la tercera y cuarta generación.*

Éxodo 34:6-7

Nuestra labor como madres cristianas es muy importante. Somos discipuladoras, responsables de formar la próxima generación de siervos de Dios. Camine conmigo entonces a través de mi peregrinaje maternal. Permítame contarle mi fascinante y maravillosa historia . . .

Capítulo dos

Mis primeras experiencias como madre

*Y creó Dios al hombre a su imagen, a imagen de Dios
lo creó; varón y hembra los creó. Y los bendijo Dios* . . .
                                                Génesis 1:27-28

*E*ra una calurosa tarde del mes de mayo. El sol entraba fuerte y brillante por el gran ventanal de vidrio y el ambiente presagiaba prontas lluvias. En el hermoso país donde vivíamos, el "invierno", la estación de lluvias, principia a mediados del mes de mayo. Mis ojos contemplaban el cielo a través de la ventana y mis pensamientos volaban . . .

Mi mente regresaba a mis años de estudiante y me preguntaba: *¿Cómo me metí en esto?* Dos años antes mi mayor preocupación había sido aprobar mis clases en la universidad donde estudiaba educación cristiana. Si alguien me hubiera dicho entonces que en dos años yo estaría casada con un evangelista, viviendo en un país desconocido, rodeada de gente extraña, me hubiera reído. Era lo más lejano de mi mente.

Precisamente en el mes de mayo, dos años antes, mi vida fue asombrosamente interrumpida. En una cálida noche de mayo, Dios me presentó a un joven dinámico, lleno de visión y fe, del cual me enamoré perdidamente. Aunque los dos estudiábamos en los Estados Unidos, la universidad donde él estudiaba quedaba a más de dos mil kilómetros de donde yo estaba estudiando.

Vivimos un tórrido romance por correo. Después de seis meses pidió mi mano. Nos casamos en mi país y luego nos trasladamos a su tierra, Guatemala. Fue entonces que le prometí: "Tu pueblo será mi pueblo, y tu Dios, mi Dios" (véase Rut 1:16).

Ahora me encontraba sola, sentada en una oficina que olía a antiséptico y medicina. Era una sala de espera grande y antigua, pero muy limpia. Estaba ubicada en un edificio céntrico y antiguo de la ciudad. Afuera se escuchaba el ruido incesante del pesado tráfico. El ruido y el movimiento de gente entrando y saliendo del edificio me producían dolor de cabeza.

Había terminado de leer la revista recogida de la mesa de centro. Estaba pensativa, esperando el llamado de la enfermera para entrar a charlar con mi médico. En mi bolso de mano estaba un sobre con el resultado de los exámenes de laboratorio. Hubiera querido leerlos pero estaban sellados. Mi corazón apenas soportaba la espera.

Estaba sola . . . pensando . . .

Para este tiempo, mi esposo Virgilio y yo teníamos catorce meses de casados y estábamos muy enamorados. A menudo charlábamos acerca de tener hijos. Confieso que no era una obsesión; no me preocupada el hecho que todavía no había podido concebir. Éramos jóvenes y estábamos ocupados en el servicio a Dios, principiando un ministerio. Ambos habíamos escuchado claramente la voz de Dios llamándonos al ministerio cristiano entre jóvenes. Eso era una novedad en el país de mi esposo.

Las costumbres de ese país eran extrañas para mí. No tenía madurez emocional ni espiritual para enfrentarme a una nueva cultura. Había estado alejada de mi país durante seis años estudiando en la universidad. Recién graduada, regresé a mi hogar por seis meses y salí de allí para un nuevo país casada con un ministro.

Sin embargo, había varias cosas que tenía muy claras en mi interior. En esas cosas pensaba mientras esperaba la llamada de mi médico.

Estaba segura de que me había casado con el hombre que Dios había escogido para mí y estaba segura de estar en el lugar a donde Dios me había llamado.

Las palabras de 1 Tesalonicenses 5:24 repercutían en mi mente y mi corazón: "Fiel es el que os llama . . ." Al igual que cientos de jóvenes misioneros alrededor del mundo vivíamos por fe, recibiendo periódicas ofrendas de iglesias en el exterior. Pero estábamos llenos de vida, de salud, de juventud y de amor. Teníamos a Jesús. No nos hacía falta nada.

Aun así, esa tarde me sentía muy sola. Me hacía mucha falta mi esposo que en esos días estaba predicando en Venezuela.

Hacía casi cuatro semanas que había salido de viaje. Cuando se fue, no tenía idea de cómo me sentía yo. No quise preocuparlo. Pensé que era algo pasajero. Las comunicaciones en ese entonces no eran lo que son ahora, y aunque él tenía el buen cuidado de escribirme a diario, yo sólo recibía cartas periódicamente.

Allí en la sala de espera miré a mi alrededor. Había otros dos pacientes. La señora sentada enfrente me miraba y me sonreía de vez en cuando. En su rostro podía notar el paso del tiempo, las penas de la vida. El adolescente a mi derecha, como todo adolescente que espera a un médico, tenía cara de aburrido y hojeaba una revista vieja tras otra.

De repente, pensé en mi madre. Para sorpresa y vergüenza principié a llorar. Ella se encontraba a tres mil kilómetros de distancia. Ni siquiera se imaginaba que su única hija se encontraba sola en la sala de espera de un médico. En este país yo no tenía familia; no tenía amigas. No tenía a nadie que me acompañara.

Me levanté a caminar un poco para ocultar mis lágrimas. Mi soledad era muy profunda y a menudo recordaba la enseñanza de mi padre: "El ministerio cristiano es de mucha soledad." Bien lo sabía él, como predicador del evangelio.

Desde entonces he tenido mucha empatía por las mujeres solas. Por las misioneras que dejan todo para servir en nuestros países latinos para traernos el evangelio; madres y mujeres solteras. He hecho un esfuerzo consciente de acercarme a las mujeres que sienten la soledad profunda de sus circunstancias.

Me siento muy deudora por tener esposo e hijos. Reconozco que Dios intervino en mi vida dándome una familia y quiero pagar mi deuda siendo compañera, amiga, consejera y familia de las mujeres que están solas. Oro por ellas, y me acerco ofreciendo mi limitada amistad y mi desinteresado consejo.

Al dejar vagar mi mente con esos pensamientos, el miedo asaltó mi joven e inexperto corazón: *¿Qué me dirá la doctora? ¿Estará todo bien? ¿Se harán realidad nuestros sueños de tener un bebé?*

La voz de la enfermera llamándome interrumpió mi pensamiento. Con gratitud por salir de ese cuarto me encaminé a la oficina de la doctora. Abrí mi bolso y le entregué el sobre con los resultados de laboratorio. Esperé mientras ella con paciencia recibía una llamada telefónica.

Yo había secado mis lágrimas y ahora estaba impaciente. La doctora terminó su charla telefónica, fijó su mirada en mí y me dijo:

— Tienes cara de embarazada.

Me dio gracia lo que me dijo. ¿Qué cara tienen las embarazadas? Nunca había pensado en eso.

— ¿Dónde está tu esposo? — me preguntó la doctora —. ¿Por qué no está contigo?

Le expliqué que mi esposo estaba de viaje predicando el evangelio.

— No lo entiendo — me contestó —. Este es uno de los momentos más importantes de tu vida y estás sola.

Con paciencia le dije que yo había escogido esta vida: casarme con un siervo de Dios. Le expliqué que él no me pertenecía a mí sino a Dios y a su pueblo. Y terminé diciéndole:

— Para mí el ministerio de mi esposo siempre será antes que mis necesidades.

Me miró con recelo y exclamó:

— Yo soy cristiana; pero no te entiendo.

Y procedió a abrir el sobre. El resultado era positivo. ¡Yo iba a ser mamá!

Feliz día de las madres

Salí de la oficina de la doctora a la calle y levanté mis ojos al cielo. En ese momento recordé qué fecha era. El 10 de mayo, día en que se celebra el Día de las Madres en este país.

Camino de regreso a casa decidí hacerme un regalo. Después de todo, había recibido una gran noticia y estaba feliz. Me detuve en una librería. Busqué una revista bonita y al pagarla le dije al joven dependiente:

— Me acaban de dar la noticia de que voy a tener un bebé.

Me miró confuso y sorprendido, luego soltó una carcajada, diciendo:

— Pues, mire, usted está feliz. Mi madre está furiosa porque le acaban de confirmar el embarazo número doce. Ya no hay que tener más niños porque hay muchos en este mundo.

Me senté en el auto y por primera vez le hablé a mi bebé.

— Amor, ¿te fijaste lo que dijo ese joven? — le dije —. No le hagas caso. Él habla así porque no te ha visto. Vas a ser un bebé tan hermoso que todos van a estar felices de que naciste. Te amo. Te amo.

No tenía a nadie más con quien compartir esto y yo ya quería establecer comunicación con mi bebé.

La soledad volvió a visitarme cuando entré a mi casa. No tenía con quién hablar. Me senté en el sofá y principié a hablar con Dios. Con las manos sobre mi vientre, en la soledad de ese momento, dediqué mi bebé a Dios. Mi Biblia estaba frente a mí. Pidiéndole al Señor que me guiara la abrí y, buscando, mis ojos cayeron en el pasaje de Lucas 1:35-38.

Dios impresionó dos pensamientos en mi corazón: "El Altísimo te cubrirá con su sombra" (v. 35) y "He aquí la sierva del Señor, hágase conmigo conforme a tu palabra" (v. 38). Mientras cubría con mis manos mi vientre, repetí muchas veces esta última frase.

La paz de Dios descendió a mi corazón y, de repente, un pensamiento me asaltó: *Mi vientre y mi cuerpo van a servir para traer al mundo una persona que servirá al Señor.* Me sentí muy humilde y limitada. Me identifiqué con aquella jovencita sencilla, pura, inmadura e inexperta: la virgen María, que asustada preguntaba: "¿Cómo será esto?

Allí en la soledad de mi casa, le prometí a Dios que como madre no estorbaría a mis hijos para que le sirvieran, aunque Él se los llevara como misioneros a tierras lejanas. Entendí que Dios ahora pedía mi vientre. Él quería traer a sus siervos a un mundo necesitado de su salvación a través del nacimiento biológico.

Comprendí mi responsabilidad de mujer y ahora de ser madre. Con lágrimas le dije: "Señor, ¿cómo te los puedo negar, si tú has dado todo por mí? Tú me amaste tanto que no me negaste a tu Hijo. ¿Cómo te los pudiera negar yo? Cada bebé que este vientre produzca será tuyo sin condiciones. Sólo permíteme llevar delante de ellos una vida de tal inspiración y alegría en tu servicio que sean inspirados a seguirte y servirte."

Aquella hora fue decisiva para nuestro hogar y para la vida de nuestros hijos. Con el embarazo de cada uno he tenido esta experiencia. Con nuestra segunda hija, Becky, Dios me dio el pasaje de 1 Samuel 25, enfatizando la vida y las virtudes de Abigail. Esta nena nos resultó muy hablantina. En cuanto principió a hablar ya no hallábamos cómo callarla. Todos los que la conocen la aman. Es una mujer sabia y prudente; pero habla constantemente. Igual que Abigail. En los versículos 24 al 31 hallamos el discurso más largo dado por una mujer, registrado en la Biblia: ¡unas trescientas palabras!

Las virtudes de Abigail fueron muy inspiradoras para mí: mujer sabia, prudente, de respeto, digna, leal, valerosa. Las deseé para mi bebé y se las comuniqué en mi vientre.

Con el tercer hijo, Héctor Virgilio (Junior), el día que me confirmaron el embarazo invoqué de nuevo la sombra del Altísimo sobre mi vientre suplicándole a Dios que interviniera en la célula y la hiciera masculina. Dios me dio el pasaje de 1 Samuel 1:27-28. "Por este niño oraba, y Jehová me dio lo que le pedí. Yo, pues, lo dedico también a Jehová; todos los días que viva, será de Jehová." El día que él nació, escribí en el margen de mi Biblia: "Soy dichosa por el hijo que Dios me dio. Cumplió su promesa."

Desde la gestación mi corazón de madre se ha desprendido de mis hijos. Tengo una conciencia muy clara sobre esto: No son míos, son de Dios. Mi vientre es solamente instrumento cubierto por la sombra del Altísimo, para traer siervos de Dios al mundo.

Pensando en estas cosas, escuché tocar la puerta de mi casa. Llegaban a entregarme un cablegrama de mi amado. Lo abrí con ansiedad y lo leí: "Amor mío, feliz Día de las Madres. Te lo envío con anticipación por todos los bebés que me darás." Dios sabía que necesitaba recibir ese saludo. Y llegó justo a tiempo.

Sin lugar a dudas, la noticia del primer embarazo trae una mezcla de emociones al corazón de la madre. Todo es desconocido; no importa cuántos consejos reciba, cuántos libros lea, cuán buena atención médica tenga o cuán saludable esté. Los cambios en su cuerpo son novedosos e influencian sus emociones. El miedo al futuro es innegable. Se vuelve protectora de su vientre, cuando antes ni ponía atención a esa parte de su cuerpo. No comprende cómo un corazón puede estar latiendo dentro de ella. Es un misterio por qué es tan sensible; quiere llorar por cosas pequeñas y grandes. La inunda un letargo invencible. A cada momento se pregunta: ¿Cuál será su sexo? ¿Estará sano el bebé?

¿Qué nombre podremos darle? Y también la gran pregunta: ¿Podré ser una buena madre?

Es en esos momentos que los sentidos de la mujer se agudizan hacia Dios. Comprende por primera vez que es un ser creado, no evolucionado. Aunque para ella es un gran misterio cómo un espermatozoide, unido a un óvulo, puede crear la célula que dará vida al ser que ella va a cuidar y amar. Comprende que una mano más grande que la naturaleza y una mente más creadora que una simple función física tuvo que haber intervenido para que su vientre abrigara un bebé.

Cuando una mujer no reconoce la intervención de un Dios creador sobre la criatura que lleva en su vientre, se perjudica no sólo ella sino también el bebé en gestación. Si Dios no ha intervenido, ¿quién ha sido?

Yo, como mujer, sólo he permitido que dos personas intervengan en el interior de mi vida física: mi esposo y Dios. Me niego a pensar que como producto de una casualidad biológica pude dar nacimiento a tres preciosos seres humanos, personas pensantes, físicamente perfectas y fuertes, emocionalmente listas para enfrentar el mundo. Mis hijos no son accidentes biológicos, son creación directa de Dios. Y, según Génesis 1 y 2, todo ha sido creado por Dios.

Hoy más que nunca es necesario que la mujer reconozca la divina intervención de Dios tanto en las cosas pequeñas como en las cosas grandes de su vida. Por supuesto, si una mujer no conoce a Dios a través de Jesucristo, no podemos esperar que entienda de qué estamos hablando.

La mujer que conoce a Dios principia a conocerlo mejor durante el embarazo. Al llegar a comprender que Dios tuvo tantos deseos de gozar de nuestra compañía que estuvo dispuesto a hacer todo lo posible porque no muriéramos eternamente, la mujer no sólo conocerá a Dios sino que su deseo más ferviente será que también su bebé llegue algún día a conocer a ese cariñoso Padre celestial. Pero . . . ¿cómo hacerlo?

Charlas con mi bebé

En una quieta madrugada recordé haber visto un documental televisivo sobre la gestación. Me admiró cómo se ve al embrión latiendo. Eso significa que ya es un ser humano que siente, como y escucha. Me entró una gran emoción. Rápidamente, me levanté de mi cama y, sin despertar a mi esposo, me encaminé a la otra habitación, me senté en una cómoda silla y principié a charlar con mi bebé.

Primero le conté la historia de mi vida de pecado. Le confesé que nacería de una madre pecadora, pero redimida por Cristo. Mi corazón había encontrado paz el día que voluntariamente le entregué mi mente, mi corazón y mi vida a Dios. Le expliqué que él tendría que hacer lo mismo y le prometí de nuevo que su padre y yo haríamos lo posible porque temprano en su vida tomara una decisión consciente de pertenecer a Cristo haciéndolo Rey de su vida.

La reacción no se hizo esperar: el bebé principió a patearme. Días después mi esposo interpretó esto como un anuncio del bebé pidiéndome que me fuera a dormir y lo dejara tranquilo; pero mi corazón de madre novata sabía que había establecido contacto con el bebé.

Establecí la costumbre de tener mi momento devocional diario en voz alta para que mi bebé lo escuchara. Leíamos juntos un pasaje, orábamos por su papá y por mi cuerpo. Orábamos por su formación sana y fuerte y por un alumbramiento feliz.

La Palabra de Dios había formado parte de mi vida desde mi nacimiento. Mis padres eran consagrados siervos de Dios y mis hermanos y yo habíamos memorizado cientos de versículos bíblicos en nuestra niñez. Algunos pasajes no los entendía. Recuerdo que cuando memorizamos el Salmo 24, no comprendía cómo las puertas pudieran "levantar sus cabezas" (véanse los vv. 7 y 9). Nunca había visto una puerta con cabeza. Cuando aprendí el Salmo 3 juré no ser perversa para que Dios no me "rompiese los dientes" (véase el v. 7). Al memorizar Proverbios no llegué a comprender la palabra "cordura". Y cuando mis hermanos me molestaban yo les citaba el versículo 19 del Salmo 139 (ahora uno de mis favoritos): "Apartaos de mí, hombres sanguinarios."

Un día, cuando nuestro papá nos estaba escuchando decir la Palabra de memoria, yo me quejé.

— Papá — le dije —, ¿porqué tengo que memorizar algo que no entiendo? Si no lo entiendo, ¿cómo lo voy a vivir u obedecer? ¿Por qué Dios escribe cosas que no entendemos?

Me sentó en sus rodillas (mi lugar favorito) y me dijo:

— Escucha, no necesitas entender la Palabra; sólo necesitas guardarla en tu corazón. Dime de memoria el Salmo 119:11.

— 'En mi corazón he guardado tus dichos, para no pecar contra ti' — repetí.

— Bien — dijo mi papá —, aunque no entiendas la Palabra, ella te guardará del pecado.

Habían pasado muchos años desde que mis padres me habían dado la Palabra. Ahora, como mamá, me encontraba sentada leyéndole la Biblia a mi bebé. Con sus ojitos cerrados, tal vez dormía plácidamente; pero yo sabía que se estaba formando su cerebro, cuna de su mente. Me urgía principiar a llenar esa mente con pensamientos positivos de Dios. No quería que su mente se llenara de cosas del mundo.

Cualquiera diría que yo me pasaba la vida sentada platicando con mi bebé. Nada más lejos de la realidad. Desde que me casé tuve que trabajar a la par de mi esposo construyendo el nuevo ministerio, no porque él lo pedía ni por ganar dinero, sino por cumplir con la promesa hecha a mi Dios de servirle todos los días de mi vida. Sentía en mi corazón una necesidad imperiosa de compartir con otros las buenas nuevas del evangelio.

Mi hogar se convirtió en hotel, igual que cientos de hogares de pastores. Recibíamos constantemente huéspedes, además de dar asilo a muchos jóvenes abandonados y solos. Nuestra economía sufría fuertes altibajos. Yo sentía que como esposa y administradora tenía que hacer milagros para estirar el dinero. El ministerio demandaba no sólo atención de muchas horas de trabajo, sino dinero. Aprendí a ser desprendida con todo lo que tenía. Hubo personas a quienes hospedamos que no tuvieron vergüenza de llevarse algunas de nuestras cosas. Pero a través de todo eso, Dios me enseñó a poner las cosas en el lugar de importancia que merecen.

Al ritmo que mi vientre crecía, mi cuerpo me pedía a gritos más sueño y descanso. Había días en que podía hacerlo. La mayoría no. Aprendí a estar agradecida por buena salud y por un cuerpo fuerte. Aunque en este embarazo tuve algunas complicaciones físicas, no fueron peligrosas para el bebé. Lo que me causaba temor y ansiedad era la falta de dinero. Cada mes mi esposo y yo tratábamos de ahorrar algo para el nacimiento de nuestro bebé. Muy raras veces pudimos hacerlo. No porque lo derrochábamos, sino porque después de pagar las cuentas del ministerio, ya no quedaba más que apenas para comer.

Recuerdo que una noche mi esposo me dijo:

— Quiero que tengas el mejor cuidado médico posible, así que he decidido que irás a ver al doctor López (el mejor ginecólogo de la ciudad), y darás a luz en su clínica.

Lo miré incrédula y me reí.

— ¿Y cómo piensas pagar por eso? — le pregunté.

— Tú ve, yo ya lo arreglé con Dios — me respondió —. Él y yo lo pagaremos.

No contesté nada; pero en mi corazón dudé. Le escribí a mi papá una larga carta con quejas de nuestra incipiente condición económica. Recuerdo su contestación: "Hijita, haz lo que dice tu esposo. Él sabe que Dios proveerá. Tú eres hija del Rey. Vive como hija del Rey. La hija del Rey tiene los mejores cuidados médicos posibles cuando va a dar a luz a otro hijo del Rey."

¡Qué gran lección! En los tres alumbramientos y las tres veces que tuve pérdidas, Dios proveyó fielmente para nosotros, sus hijos. Tuve la mejor atención médica disponible.

El día que decidimos casarnos, decidimos también pedirle a Dios que todos los hijos que Él nos diera se dedicaran al ministerio cristiano. No queríamos que la dedicación solamente fuera un acto público en la iglesia, con un pastor cargando a nuestro bebé en una liturgia. No teníamos nada en contra de tal acto; pero queríamos que fuera algo más, que Dios supiera que estábamos dedicando a nuestros hijos a su servicio. Nuestro deseo era que a su tiempo Él los llamara a servirle con su vida. Le prometimos que haríamos todo lo posible como padres para ser ejemplo y dirigirlos a una vida de servicio a Dios.

Al esperar mi primer bebé comprendí que tendría que principiar a cumplir con esa promesa desde el principio del embarazo. Dios me dio la idea de hablar con el bebé en términos de ministerio. Muy a menudo, mientras estaba en la cocina, le decía: "Hijita, si eres mujer, es muy probable que tengas un ministerio como esposa de pastor o de misionero. Tienes que aprender que una esposa de pastor tiene que ser buena administradora. Los pastores y los misioneros no ganan mucho. Vas a aprender buenas recetas para ahorrar y administrar bien el poco dinero que tengan."

Algunas veces, al ir a la iglesia, me sorprendía hablándole: "Tienes que escuchar bien el mensaje. Tu papi va a predicar. Él es un gran predicador y de él aprenderás a comunicar el evangelio, porque tú vas a ser un gran evangelista."

La madre cristiana establece relación con su bebé desde el vientre y cuando llega el día del alumbramiento sabe que ese niño ya está preparado para abrir su corazón a Jesús.

Sabiendo que mi hijo (o hija) sería un bebé navideño, pasé muchas horas estudiando la vida de la virgen María. Ella era muy jovencita cuando fue escogida por Dios y tuvo que hacerle frente a una situación social, emocional, espiritual y física desconocida por ella. Obtuve mucha fuerza de pensar en María y aprendí de su discreción. Ella "guardaba todas estas cosas en su corazón" (Lucas 2:51).

Una hermosa mañana de domingo acompañé a mi esposo a la iglesia donde él iba a predicar. Fue un lindo servicio y después vinieron a saludarme algunas hermanas. Una de ellas, un poco curiosa, me preguntó para cuándo esperábamos el arribo de nuestro primer bebé. Le contesté que para diciembre y, sin pensarlo, comencé a contarle a ella y a las demás que me escuchaban mi experiencia de dedicarlo enteramente a Dios para su servicio. También les conté que platicaba con él. Me miraron atónitas. Yo, inocente, pensé que sería de bendición escuchar tal cosa; pero estaba equivocada. Una de ellas, en tono de burla, me dijo:

— Bueno, así piensas ahora. Espera que sufras en el parto, y después hablamos. Una madre, por muy cristiana que sea, no desea nunca separarse de su bebé. Ya verás. No vas a querer que se vaya aunque Dios te lo pida.

Las demás principiaron a reírse y dijeron:

— ¿Usted le habla al bebé? ¡Qué cosa ridícula! Tenga cuidado porque algunas mujeres se trastornan con el embarazo.

Salí de allí triste y confundida, muy avergonzada. Estaba pensativa, preguntándome si, tal vez, de veras, el embarazo me había trastornado.

Le conté todo a mi esposo, entre lágrimas de amargura. Pacientemente me escuchó. Se sentó a ministrarme, a consolarme, y expresó:

— Aprende, mi amor. Nosotros nos hemos trazado una meta para nuestro matrimonio y para la vida de nuestros hijos. Va a haber mucha gente que nunca nos va a entender. Aprende a vivir con esta verdad.

Oramos juntos, asegurándole a nuestro Dios que nadie ni nada nos haría cambiar nuestras metas y las promesas que le habíamos hecho. Yo prometí ser más discreta; no debía confiar en que todos me entenderían. Prometí ser como María, guardando las cosas en mi corazón.

Llegó el día muy esperado

Lo primero que recuerdo es despertar de un profundo sufrimiento y de preguntar de inmediato:

— ¿Qué fue?

Mi esposo, feliz, me respondió:

— ¡Una lindísima nena. Principiamos con esposas de pastores!

La pusieron en mis brazos y sus enormes ojos verdes me miraron. En ese momento establecimos un lazo profundo de amor y compromiso la una con la otra.

Me enamoré de ella.

Ahora teníamos que darle un nombre.

El nombre de mi madre era Beatriz; pero por su hermosura todos la llamaban "Bella". Cuando yo nací me dieron el nombre de mi madre, Beatriz. ¡Pero cuando me vieron bien, decidieron llamarme sólo Beatriz pues creo que no me podían llamar "Bella"!

A esta nena decidimos darle el nombre de Beatriz y, en recuerdo de mi madre, llamarla "Bella". Mi esposo la tomó en sus brazos y dijo:

— Como es tan pequeña y tan bonita la llamaremos 'Bellita'.

Y así se le ha llamado desde entonces.

Mis padres habían llegado desde mi país para estar con nosotros en este importante acontecimiento. Mi mamá, al verme con mi nenita en brazos, solamente seis horas de nacida, me dijo:

— Hijita, en este momento principia a orar por el que va a ser esposo de tu nena.

Algunos pensarán: "¡Qué locura! ¿Quién va a estar pensando en un esposo cuando abraza a una recién nacida?" Han pasado los años y cada día compruebo cuán sabio fue ese consejo y cuán bueno fue el haberlo puesto en práctica. Cada día me alegro de haberlo escuchado. No dejé pasar los años hasta que mi hija estuviera de edad casadera para principiar a orar por su esposo. Para entonces, en muchos casos, es demasiado tarde. Cuando ella nació Dios ya estaba preparando al hombre con quien compartiría su vida.

Cuando los afanes de la vida golpean y sacuden el hogar de mi hija, yo le recuerdo a Dios que desde las primeras horas de nacida su padre y yo oramos por ese hombre que sería su esposo.

Aprendí a ser mamá . . . por etapas. Tenía mucho miedo. No sabía cómo bañarla y me daba mucho temor cuando dormía largas horas. A veces me acercaba para ver si estaba respirando. Me daba miedo cuando lloraba mucho. Una noche, cuando lloraba sin cesar, y como yo no sabía qué hacer, me puse a llorar junto con ella. Mi esposo, con cariño y paciencia, nos consoló a las dos.

Dios principió a hablarme acerca de mis temores. Comprobé que Dios no me había dado el espíritu de temor (1 Timoteo 1:7). Él deseaba que tuviera confianza en que yo iba a poder manejar las situaciones de mi vida. Le agradecí que me hubiera dado un intelecto, una mente alerta y con poder de raciocinio para pensar, decidir y aprender.

Armada con esa confianza cuidé a mi hijita delicadamente. Desde un principio su padre jugaba mucho con ella y pudimos aplicar varios métodos de estimulación temprana. La rodeamos de colores, juguetes y música. Pude notar que la música la calmaba. Le teníamos himnos grabados y se dormía oyéndolos. Yo le cantaba mucho y desde muy pequeñita noté que su himno favorito era:

> Cuando leo en la Biblia cómo llama Jesús
> Y bendice a los niños con amor,
> Yo también quisiera estar
> Y con ellos descansar
> En los brazos del tierno Salvador.

Crecimiento y aprendizaje

Su primer año fue de crecimiento para ella y de gran aprendizaje para mí. ¡Cometí muchos errores! Un día que hacía mucho frío, la envolví tanto que la bebé salió por el otro lado de la colchita. Otro día se me resbaló de mis manos al bañarla y tragó agua. Yo estaba segura que se moriría.

Sus primeros pasos fueron de gran alegría para nosotros. Ya para esa edad, once meses, mi nenita sabía juntar sus manos en oración. Mis luchas espirituales eran otras; esperaba otro bebé y no lograba comprender cómo Dios permitía tal cosa, cuando estábamos en gran necesidad económica. Nuestro ministerio incipiente demandaba casi todo mi tiempo, mi esposo se ausentaba del hogar muy a menudo y mi nenita principiaba a explorar su nuevo mundo haciendo uso de sus piernas y sus traviesas manitas. ¿Cómo me las arreglaría con otro bebé?

Aquellos fueron meses muy difíciles. Tuve que aprender a ser mamá y esposa, y al mismo tiempo mostrarle a mi hijita en la práctica el gozo de servir a Cristo. Había noches que mis luchas me llevaban al punto de pensar que aquella lejana promesa que habíamos hecho de que nuestros hijos se dedicaran al ministerio cristiano y que nosotros les serviríamos de ejemplo había sido una falacia. Mi nuevo embarazo se presentaba con grandes dificultades.

Fueron tres cosas las que me fortalecieron en esta etapa: Primero, el apoyo fiel y cariñoso de mi esposo, ¡cuando estaba en casa! Sus ausencias eran largas y continuas. Cada vez que él se ausentaba yo enfrentaba problemas en el hogar: se enfermaba la nena, se descomponía el auto, yo me enfermaba o se acrecentaban los problemas en el ministerio. Hasta llegué a notar un patrón. Comprendí sin que nadie me lo enseñara, pero inspirada por el Espíritu Santo que vive en mí, que el enemigo ponía a trabajar a sus demonios en mi contra cuando yo estaba pasando por momentos vulnerables.

Cuando mi esposo principiaba a preparar un viaje, yo ya sabía que el demonio estaba preparando la estrategia de ataque. Entonces yo comenzaba a prepararme para el contraataque. Memorizaba versículos estratégicos (Josué 1:9; Deuteronomio 33:12, 27; Salmo 34:7). Además, con el Salmo 121 y sus promesas, cubría a mi esposo, implorándole a Dios que lo hiciera volver con bendición.

La segunda cosa que me fortaleció fue la lectura de muchos libros cristianos que retaron mi vida. Asimismo, establecí el hábito de escuchar grabaciones con mensajes cristianos. De inmediato, al levantarme, ponía un mensaje. Mientras me arreglaba, al desayunar, cuando cumplía con mis quehaceres, mi mente estaba captando la Palabra de Dios. Sigo practicando ese hábito, que ha sido de una enorme bendición para mi vida.

Bendigo a mis padres por haberme inculcado el hábito de la lectura. Durante los años de crecimiento de mis hijitos, cuando estaba sola, los libros cristianos fueron de gran inspiración para mí. Las biografías de grandes misioneros y siervos de Dios, como John y Betty Stam, Susana Wesley, Juan Wesley y E. Stanley Jones, y los libros devocionales de C. S. Lewis, lo mismo que *El secreto espiritual de Hudson Taylor*, el cual he leído varias veces, y otros muchos, fortalecieron mi fe y moldearon mi vida de misionera. Muy a menudo, al leerlos, reflexionaba y decía: *Si ellos pudieron hacerlo, yo también puedo. Tenemos el mismo Dios.*

La tercera cosa fue que aprendí a estudiar mi Biblia con constancia y seriedad. Muy pronto me di cuenta de que no podía depender de mi esposo. Él tenía un llamamiento y deber que cumplir; yo jamás lo estorbaría. Pero yo, por mi parte, también tenía un llamamiento y un deber que cumplir. Reconocía que estaba preparada para hacer varias cosas en el servicio del Señor: enseñar la Palabra, tocar el piano y el órgano en la iglesia, cantar, participar en el coro, aconsejar a jóvenes. Pero en esta etapa de mi vida, Dios me había concedido ser madre. Durante la ausencia de mi esposo, por autoridad delegada, la vida espiritual de mis hijos recaía en mí. Yo necesitaba estar preparada para preparar futuros siervos de Dios.

Aunque no dejé de asistir a nuestro ministerio y servir a diario allí, mis prioridades estaban en el hogar. Por las circunstancias de nuestra vida siempre trabajé en el ministerio fuera de la casa; pero no descuidé lo más importante: el ministerio en mi hogar. Y no sólo mis hijos demandaban atención. Cuando mi esposo regresaba de sus viajes evangelísticos, él requería mi atención.

Primero él, después mis hijos. En primer lugar fui esposa y después madre. Además, estoy convencida que una buena esposa siempre es una buena madre; pero una buena madre no siempre es una buena esposa.

Así que, armada de estas tres cosas, pude enfrentarme a esos años difíciles. Tuve que depender únicamente de Dios para no caer en la trampa de la depresión. Todavía no logro entender cómo una mujer puede enfrentarse a las crisis sin tener el fundamento profundo y mental de la lectura sistemática de las Escrituras. Fue durante esa época que aprendí la hermosura, la profundidad y la bendición del Salmo 139. Se convirtió en uno de mis favoritos y lo memoricé en mis horas de desvelo y temor.

De nuevo, como lo hice con mi primer embarazo, muy a menudo ponía mis manos sobre mi vientre y platicaba con mi nuevo bebé. Por el eminente peligro de perderlo y las circunstancias externas muy difíciles que me estaba tocando vivir, el Salmo 139 se convirtió en mi fuerza y sostén. Entre otras cosas, había falta de privacidad, gran limitación económica, revoluciones nacionales, violencia a mi alrededor, atentados de muerte en la familia de mi esposo.

Durante cada visita al médico, le decía a mi bebé: "No te preocupes, todo irá bien. El Salmo 139:13-16 es cierto. Dios te ha formado. Él te ha creado. Vas a vivir. Vas a vivir."

Por otro lado, mi nena primogénita crecía rápidamente. Alguien me dio un artículo sobre la "terrible edad de dos años". Aunque ella aún no los cumplía, ya daba muestras de acercarse a esa edad. Ese artículo me ilustró mucho para entenderla. Para ella todo era "NO". Mi nena estaba aprendiendo a luchar por sus derechos y ver cuánto podía presionarme hasta que yo cediera a lo que ella quería. Esta etapa también fue para que yo aprendiera a disciplinar.

Como siempre, la enseñanza la encontré en la Palabra de Dios. Hallé luz en Proverbios 19:18-19. Aprendí que debía castigar a mis hijos a temprana edad, "en tanto hay esperanza"; pero debía disciplinarlos sin ira, para no destruirlos, porque yo llevaría la pena si tenía "grande ira". Fue difícil aprender el equilibrio entre el enojo, el castigo y el regaño, aplicando la disciplina con amor. Es en esa etapa de la vida que se conforma y asegura la estima personal del individuo y yo, por cierto, deseaba que mi hija tuviera una sana estima de sí misma para que llegara a toda la potencialidad que Dios tenía para ella.

Un día, al servirle su almuerzo, le ayudé a juntar sus manitas y le dije:

— Vamos a darle gracias al Señor por la comida.

Me miró desafiante y dijo:

— ¡NO!

Entendí que mi nena estaba pasando por la terrible edad de los dos años y solté la carcajada.

— Te ves muy cómica diciendo 'no' — le dije.

En su inocencia, mi nenita también comenzó a reírse.

— Ahora — le dije —, junta tus manitas y vamos a darle gracias a Dios por dos cosas: por la comida y por la risa.

Accedió, y juntas oramos.

Cada día estoy más convencida que uno de los elementos más importantes en la vida de un ministro cristiano y de su hogar es el sentido del humor. Me dan lástima los hogares donde no han aprendido a reírse. Dios nos ha dado la risa como desahogo de tensiones, ansiedades y crisis. Dichoso el niño que crece en un hogar donde los padres saben reírse.

Muy temprano en la vida de nuestros hijos, mi esposo y yo decidimos que nuestro hogar estaría lleno de música, colores y risa. ¡Cómo nos ha servido! Cuando las presiones y los ataques han sido grandes y fuertes, cuando nuestro hogar ha sido azotado por vendavales de enfermedad, preocupación, rebeldía, ansiedad, muerte y tristeza, esas cosas no nos han derrotado. Además de Dios, la risa ha llenado nuestros labios y nos ha renovado. Es muy cierto lo que dijo Nehemías: "El gozo de Jehová es vuestra fuerza" (Nehemías 8:10).

Mi vientre crecía con el paso de los meses. Diariamente tomaba las manos de mi nena y las ponía sobre mi vientre y orábamos por el nuevo bebé. Mi esposo hacía lo mismo cuando cada noche nos dirigía en nuestro devocional, como lo habíamos hecho con el primer bebé.

Recuerdo que en esta etapa tenía dos prioridades. La primera era señalarle a Cristo a mi hija, con mis respuestas, actitudes y reacciones. La segunda era que mis hijos aprendieran a leer. No pensaba en primer lugar en el ABC, el cual aprenderían en la escuela, sino deseaba que disfrutaran de la lectura de tal forma que toda su vida se sintieran incompletos si no estaban leyendo un libro. Nos trazamos la meta de construir nuestra biblioteca hogareña tanto con libros sagrados como seculares para que nuestros hijos apreciaran su lectura.

Cada noche, cuando le decía a mi hijita: "Ya es hora de acostarte", sabía que su respuesta sería "NO". No obstante, la preparaba para acostarse y, después de su baño diario, leía con ella. Una noche, cuando mi esposo iba a acostarla, la nena dijo: "Pimero Libo". Nos sentimos alegres de que ya le encontraba "sabor" a la lectura.

Muchos fueron los libros que pasaron por las manitas de mis bebés. Uno que ellos y yo recordamos con mucho amor es *La Biblia en Estampas* por Ken Taylor, traductor y publicador de *La Biblia al Día*. Mediante ese libro aprendieron la historia de Jesús, su amor por los niños, su enseñanza, su sacrificio por nosotros y su gloriosa resurrección.

La transición para aceptar a su hermanita no fue difícil para mi primogénita. Ella se volvió protectora de una bebé que nació prematura y con problemas. Pronto entendió que yo tenía que atenderla de día y de noche y aceptó contenta su rol de hermana mayor. El día que la encontró llorando solita en su cuna, le tomó la manita y le dijo: "Cállate porque Jesús te ama." ¡Con menos de dos añitos ya sabía que Jesús nos resuelve los problemas!

Ahora tenía dos nenitas. Eran lindas; pero la carga era muy pesada. Cuando se enfermaba una le seguía la otra. Las semanas eran largas y a veces tediosas. Me hacía mucha falta compañía adulta; pero no vislumbraba esperanza en el horizonte.

Como yo era joven e inmadura, con frecuencia me preguntaba: *¿Será así toda la vida? ¿Crecerán alguna vez mis hijas?* Las circunstancias en las cuales Dios me había colocado eran doblemente difíciles por encontrarme en un país extraño y en una cultura que no comprendía. Mi esposo era un hombre hiperactivo, creativo y soñador, y las expectativas que la sociedad evangélica tenía para la esposa de un líder así eran casi inalcanzables.

Me llevó varios años comprender la realidad de la fidelidad de Dios. Vez tras vez le pedía de todo corazón a Dios: "Señor, que cada uno de mis hijos se dedique al ministerio cristiano y que yo sea instrumento en tus manos para inspirarles a hacerlo."

Capítulo tres

La constitución
del hogar

¡Oh Jehová, Señor nuestro, cuán glorioso es tu nombre en toda la tierra! Has puesto tu gloria sobre los cielos; de la boca de los niños y de los que maman, fundaste la fortaleza . . .

Salmo 8:1-2

*L*á mayor responsabilidad del hogar es de la madre. Ella es responsable de los valores morales, cívicos y espirituales de sus hijos. Ante la sociedad, es responsable de entregar ciudadanos bien formados."

Leí dos veces ese párrafo. Había algo que no me parecía bien. Estaba sentada en un cómodo sillón viendo jugar a mis dos nenas. La menor le quitó a la mayor una linda pelotita de tela de muchos colores y la mayor le pegó. Yo tuve que hacer la paz entre ellas.

Seguí leyendo con atención el periódico de esa mañana y me puse pensativa. Si esto exigían de la población femenina, ¿qué sugerencias nos daban para cumplir con esa tarea?

Reflexioné acerca del hombre. ¿Cuál era el papel del varón en el sistema familiar? *¿Sólo la mujer es la responsable de formar buenos ciudadanos?*

Han pasado los años y mis recuerdos vuelven a ese día. ¡Qué gran responsabilidad ha puesto la sociedad sobre mí, y sobre todas las mujeres latinoamericanas! Yo, así como muchas mujeres, era joven, sin experiencia, tratando de ser la mejor madre posible. De pronto, me vi confrontada con la filosofía de que yo era la principal responsable de la vida del hogar.

Según entiendo, nuestra cultura hispana ha aceptado que el hogar sea un hogar matriarcal. Por siglos la mujer latina ha sido explotada y se le han puesto cargas muchas veces más allá de sus fuerzas. El hombre aprende a ser "macho" y se ha creado la fama de ser un gran amante; se enorgullece de tener esposa y varias amantes. Hay países donde se piensa que el mejor amante es el hombre latino por esa sangre pasional que corre en sus venas.

La mujer latina ha tenido que padecer vejámenes y desprecios. Ella es luchadora y vencedora. Sus manos están curtidas por los oficios dentro y fuera del hogar y no le tiene miedo al trabajo. Sabe lidiar con las adversidades y no se amedrenta ante el reto de sacar adelante a sus hijos, muchas veces sin ninguna ayuda de esposo.

Al verse abandonada, toma el mando y dirige el hogar. El hombre latino muchas veces abdica su lugar de líder y cabeza de su casa. Le es más fácil dejarle la carga a su mujer. ¡Él trabaja mucho fuera del hogar para traer el sustento! Como alguien tiene que tomar las decisiones y dirigir a los hijos, la mujer toma el liderato.

Los hijos aprenden y la cadena sigue . . . generación tras generación.

Qué lejana es esta filosofía de lo que enseña la Biblia. Allí encontramos muy bien delineadas las responsabilidades del hombre y de la mujer. Dios no creó seres de un solo sexo. Creó primero al hombre y después a la mujer, no significando eso que este orden sea el que dé los parámetros de autoridad a cada uno. Los creó con propósitos específicos para cada sexo. Ambos somos responsables del hogar, siendo el hombre la cabeza (Efesios 5:23, 28; 1 Pedro 3:7; 1 Corintios 11:3).

Tanto el hombre como la mujer comparten la culpabilidad del pecado; la mujer por acceder y el hombre por ceder. Ella por ofrecer y él por aceptar. La primera pareja hundió a la raza humana sin dar solución al problema del pecado; pero Dios, al ver la tragedia, salió a buscarlos. Ellos oyeron su voz cuando se paseaba en el huerto y temerosos se escondieron de Él. Dios *sabía* quién era el responsable de todo y lo llamó. "Mas Jehová Dios *llamó al hombre* . . ." (Génesis 3:9). Eso no significa que justificó a la mujer y la dejó sin culpa. Más bien, significa que cuando Dios desea un reporte del hogar *llama al responsable*, al hombre. Para eso Dios lo creó, para ser cabeza *dirigente*, que da orientación a la vida del hogar.

Para desgracia nuestra, desde el tiempo de la creación, el hombre no ha querido aceptar su responsabilidad y se la pasa a la mujer. "La mujer que me diste por compañera . . ." (Génesis 3:12). ¡Qué fácil para el hombre excusarse! Resulta ahora que la mujer no sólo es responsable de la vida del hogar sino que también es culpable.

No pretendo hacer de este libro un compendio de teología; no obstante, en un libro que habla de las responsabilidades de la mujer en el hogar es necesario que se hable también de la responsabilidad del hombre. Me duele el corazón cuando compruebo que en muchos hogares cristianos el padre ha abdicado su lugar de líder. Mi esposo y yo hemos trabajado muchos años con jóvenes y nos han contado sus dolorosas historias hogareñas. En casi todos los casos es lo mismo: hay un padre cristiano físicamente presente pero emocionalmente ausente. El resultado es familias disfuncionales, hijos emocionalmente desubicados.

Una niña independiente

Ahora me tocaba a mí ser mamá. Para mi hija mayor principiaba la edad de la curiosidad por el mundo que la rodeaba. Después de haber tocado y probado todo en el período anterior, ahora quería caminar e independizarse. Era una niña sumamente independiente.

Cuando sólo tenía cuatro añitos se nos perdió en un gran almacén de la Ciudad de México. Yo pensaba que estaba junto a mí y mi esposo suponía lo mismo. De repente, ya no la vi. Mi esposo corrió a preguntarle al guardia en la entrada y salida del almacén si no había visto salir a una nena. Él le aseguró que ellos nunca dejaban salir solos a los niños. Mientras tanto, yo buscaba entre los pasillos. Estábamos angustiados, frenéticos. Durante quince minutos buscamos con gran ansiedad a nuestra linda nenita. Por un momento, entre los corredores de ropa, cerré mis ojos y le recordé a Dios: "Ella es tuya. Cuídala donde está." Mentiría si digo que tuve paz inmediata; pero mi corazón se tranquilizó. De repente, escuché una vocecita lejana cantando: "Cada día con Cristo, me llena de perfecta paz." Corrí hacia mi esposo, lo tomé del brazo y le dije: "Escucha."

La vocecita nos fue guiando hasta la nena, quien tranquilamente se paseaba entre los pasillos, cantando. Tal cual reaccionó
la madre hebrea cuando se le perdió Jesús, reaccioné yo:

— Hijita, ¿por qué te separaste de mí? — le dije.

Con gran tranquilidad me contestó:

— ¡Yo quería solita!

Mi esposo y yo llegamos a la conclusión de que una de las
fuertes características de nuestra hija sería la independencia, el
sentimiento de querer hacer las cosas sola. Y así ha sido toda su
vida. Como su madre he tenido que aprender a respetar esa
característica.

Cuán importante es que las madres respetemos las características personales y singulares de nuestros hijos y que no tratemos
de hacerlos como nosotros queremos que sean. Si desde que son
pequeños respetamos en ellos el derecho de ser como Dios los ha
hecho, con sus características personales, será menos el problema de relación cuando se casen, porque para entonces no desea-
remos saber cada detalle de su vida con su pareja y no nos
volveremos suegras curiosas. El niño tiene derecho a ser como
ha sido creado por Dios.

Nuestra segunda hija nos resultó completamente diferente.
Ella no se despegaba de nosotros para nada. A ella tuve que
enseñarle a ser independiente. La niña quería saber todo lo que
hacíamos y estar en todos los lugares adonde íbamos. Yo no
quería que se volviera tan dependiente de nosotros que después
no fuera a funcionar en la vida. Tuve que comenzar más temprano que con sus hermanos a enseñarle a tomar decisiones.
Algo de lo primero que hice fue decirle que ella decidiera la ropa
que usaría al día siguiente. Puede parecer una pequeñez; pero
eso le ayudó a decidir algo por sí sola. A veces escogía el vestidito
que más le gustaba. Yo trataba de guiarla en sus pensamientos.

— Piensa, hijita — le decía —, mañana no es domingo. No
vamos a salir a pasear. Tal vez vayamos un rato al parque a jugar.
¿Qué te pones para jugar?

Al día siguiente le recordaba:

— Allí está tu ropa; esa fue tu decisión.

Las decisiones de nuestros hijos

Al ayudar a nuestros hijos a tomar decisiones desde pequeños, les estamos ayudando a formar y a encontrar su propia identidad. Una persona de éxito en la vida, en todos los niveles, es aquella que sabe quién es y lo que vale. Cuán importante es que los padres tengamos siempre en cuenta que somos los forjadores de la autoestima de nuestros hijos. Esa no es responsabilidad de la iglesia, el colegio cristiano o los familiares. Es responsabilidad de los padres, pues con ellos vive.

La misma noche que nuestra hija mayor se nos perdió, su padre y yo nos sentamos con ella. La felicitamos por querer hacer las cosas sola. Le dijimos que eso denota una fuerza interior muy singular; pero que esa fuerza hay que encausarla por el camino debido. En ciudades grandes, lugares públicos, sitios conglomerados, ella siempre tenía que andar junto a un adulto de la familia.

De inmediato surgió la pregunta: "¿Por qué?" Tuvimos que hablarle de la maldad del mundo; de hombres sucios y corruptos. Le hicimos memorizar bien su nombre, su teléfono y su dirección. Le inculcamos que nunca debía aceptar irse con algún desconocido.

¡Qué tristeza, tener que oscurecer la imagen que el niño tiene de un mundo puro y limpio y mancharla enseñándole un mundo malo y podrido! Pero es para proteger a nuestros hijos y como padres es nuestro deber hacerlo.

Cuando, a la misma edad, quise hacer lo mismo con nuestra segunda hijita, ella me miró con ojos alarmados y me dijo:

— No me digas nada, mami. Yo nunca me separaré de ti ni de mi papá. Nunca, nunca.

A veces he querido que esas palabras se hubieran cumplido. Llegó el día en que se casó y Dios la llamó a ella y a su esposo a ser misioneros en otro país. Tuvo que separarse de nosotros y llegó ese inevitable "nunca".

Uno de los grandes misterios de la creación es que cada individuo nace con características y rasgos personales. No hay dos individuos exactamente iguales. Ni siquiera los gemelos son idénticos. Podrán ser muy parecidos y casi iguales por fuera; pero en su interior, en sus gustos, en sus anhelos, en los talentos y las

habilidades, en las ambiciones, son dos individuos diferentes. A
pesar de esa maravilla, hay personas que niegan la creación de
Dios. No dejo de sorprenderme. Tengo tres hijos, pedidos a Dios
con el mismo amor, educados con esmero en el mismo ambiente,
nacidos de los mismos padres, con la mismas oportunidades
sociales, académicas y espirituales, y los tres son completamente
diferentes. Se parecen en lo físico, en su risa, en sus manerismos
y, a veces, en algunas de sus reacciones; pero como individuos,
en lo íntimo, son completamente diferentes.

Más que madre, mis hijos me han dado el privilegio de ser
también su consejera, y cada uno me cuenta cosas y reacciones
íntimas que en ocasiones me han llevado a preguntarme: "¿Y
éste de dónde salió?" Nadie sabe mejor que yo cuán distintos son
cada uno.

Permítame relatarle la experiencia tan singular que como
padres vivimos con nuestro hijo varón. Dios nos lo dio después
de que la ciencia médica se había dado por vencida de que yo
pudiera llegar al final de otro embarazo. Me apropié de la
promesa en Romanos 4:20-21: "Tampoco dudó, por increduli-
dad, de la promesa de Dios, sino que se fortaleció en fe, dando
gloria a Dios, plenamente convencido de que era también poderoso para hacer todo lo que había prometido." Yo le pedía a Dios
un predicador, un pastor, un misionero para su servicio.

Mi esposo oraba conmigo de la misma manera; pero las mujeres somos más emotivas y más intensas y ciertamente yo derramaba mi corazón en oración. Después de seis años, tres bebés
perdidos y varios tratamientos, Dios nos permitió recibir a
nuestro varón.

¡Qué experiencia! Nadie me preparó para tener un varón. Yo
pensaba que era igual que tener una nena. Mis nenas habían
sido activas y traviesas normales. ¡Este muchacho era un terror!
Era un niño hiperactivo y super travieso, de poco sueño ¡y mucha
actividad! Era muy fuerte, comía mucho y necesitaba constante
supervisión; de lo contrario yo estaba segura que se mataría en
una de sus travesuras. Tuvimos que contratar a una jovencita
de quince años para que todo lo que hiciera fuera andar detrás
del muchachito para que no se golpeara.

Un día, al bañarlo, le dije:

— Hijito, mira cómo estás. Yo te traje al mundo rosadito, limpio y bonito. Mira tu cuerpecito.

Estaba lleno de moretes, raspaduras, caídas y heridas.

Él se miró todo, me miró a mí, y declaró:

— Así soy yo.

¡Apenas tenía tres añitos!

Este hijo mío me ha enseñado mucho. Lo que más he aprendido es manejar las expectativas de los demás. Todo el mundo esperaba que fuera como su padre, y él no es su padre; él es él.

Como padres hemos pedido sabiduría a Dios para darle "lugar" — espacio — a nuestro hijo para que desarrolle sus aptitudes, habilidades y talentos dados por Dios, a su tiempo y según su voluntad. Nunca he comprobado tan clara la enseñanza de 1 Corintios 12:11 y 18 como en este caso. El Espíritu da los dones "como él quiere".

Las comparaciones y las expectativas comenzaron a presionar a nuestro hijo y fue necesario no sólo mucha oración sino también una buena comunicación con él y una seguridad de nuestra completa aceptación para que no fuera dañada su autoestima.

Cuánta falta hace esta enseñanza en nuestra cultura evangélica latinoamericana. Esperamos mucho de los hijos de pastores y líderes, y les damos muy poco. No les permitimos cometer sus errores, buscar sus talentos y sus dones, perseguir y cumplir sus ambiciones y sus sueños. Cuánto se ha de doler el corazón de nuestro Dios al ver nuestro comportamiento exigente hacia estos niños y jóvenes.

Dios usa a nuestros hijos *como Él quiere*, no como nosotros deseamos. Muchas veces deseaba que mi hijo fuera diferente, para que fuera un poco más fácil mi vida. Pero Dios con frecuencia me recordaba: "Me prestaste tu vientre para traer al mundo a mi siervo. Quita tus manos y no te interpongas. Seré *yo* quien lo dirija." Y así ha sido.

Aún antes de cumplir los cuatro años de edad nuestra nenita principió a hacerme miles de preguntas. Era observadora e inquisitiva. A veces las demandas del ministerio eran tan fuertes que yo estaba demasiado cansada para responder. Su mente trabajaba a gran velocidad y comprendimos que era tiempo de enviarla a la escuela.

Un buen colegio

Deseábamos que estudiara en un buen colegio. Muchas noches hicimos presupuesto tras presupuesto. Era casi imposible. Por fin, una noche, me arrodillé junto a mi cama y con voz doliente le dije al Señor: "Nos has llamado al ministerio y estamos viviendo por fe. En el nombre de Jesús te suplico que nos suplas para pagar un colegio que le dé una buena preparación académica a nuestra hijita."

Muy temprano, el siguiente día, la nena se me acercó y me preguntó:

— Mami, ¿cuándo voy a ir a mi colegio?

En ese momento, Dios me habló: "Cuéntale a tu hija tu necesidad económica."

Me senté y, con paciencia, le expliqué nuestra falta de recursos económicos. Con su carita de inocencia me dijo:

— No te preocupes, Dios va a enviar el dinero. Yo voy a ir al colegio.

— ¿Cómo estás tan segura? — le pregunté.

— Porque yo se lo voy a pedir.

Aprendí de esa fe infantil. Recordé las palabras de Cristo: "Si no os volvéis y os hacéis como niños . . ." (Mateo 18:4). Aprendí de mi nena a caminar en un túnel oscuro . . . por la fe.

Estoy convencida de que muchas de las crisis en los hogares cristianos pudieran solucionarse si los padres hicieran alianza de oración con sus hijos. Dios tiene un corazón muy receptivo para la oración de los niños. Yo pudiera llenar las páginas de este libro relatando acerca de las oraciones contestadas en la vida de mis hijos.

Según lo permite su edad, nuestros hijos pueden compartir nuestras cargas de oración. Debemos ser cuidadosos de no cargarlos demasiado a no ser que causemos en ellos un sentido de inseguridad. Si procedemos con cautela, el niño verá y sentirá la seguridad de sus padres en un Dios que no falla nunca, que responde a la oración, y aprenderá también a confiar en ese Dios. Su fe será fortalecida.

Mi nena vio contestada su oración. Dios abrió la puerta para que asistiera a un buen colegio.

¡Qué día! Yo no había podido dormir la noche anterior. Mis temores eran reales y grandes: *¿Con quién se juntaría? ¿Qué le iban a enseñar? ¿Lloraría por mí? Y si se enfermaba, ¿quién la iba a atender? ¿Sería cariñosa la maestra?* Resulté teniendo yo más preguntas que la nena.

Todo el trayecto al colegio lo pasé dándole consejos. No creo que exista en el mundo una nena que haya escuchado más consejos de sus padres que la nuestra. Ella, sumisa, escuchaba. Yo lo interpreté como que estaba temerosa. Pero al llegar a la puerta del colegio me miró con sus grandes ojos verdes y me dijo:

— Yo puedo sola. No entres.

Corrió para adentro y me dejó plantada, sola en la puerta. Me fui al auto y me puse a llorar. La había empezado a perder para siempre.

¡Cuán grandes son los temores de una madre! Cuánto tuve que aprender del precioso amor de nuestro cariñoso Padre celestial que nunca nos abandona. Esa mañana reclamé la promesa: "Y Jehová va delante de ti; él estará contigo, no te dejará, ni te desamparará; no temas ni te intimides" (Deuteronomio 31:8).

Aprendí tres principios de esta experiencia:

En primer lugar, Dios volvió a recordarme que mis hijos no son de mi propiedad. Él los da y nos los concede para felicidad y aprendizaje, para unión familiar y para confianza en Dios. Los pasos de nuestros hijos son guiados por Jehová. Él les permite nacer y crecer en nuestro hogar; pero los padres solamente somos instrumentos de Dios para la vida de ellos.

En segundo término, aprendí que Dios nos da los hijos y es nuestra responsabilidad cuidarlos. En una cultura como la nuestra, donde la familia es grande y muchas veces viven en una casa varios hermanos casados, con hijos, y los abuelos presiden el "clan familiar", se deja que la abuela cuide y forme a los hijos. Eso no es bíblico. Dios ha puesto toda la responsabilidad del cuidado y la formación de los hijos en los padres. En Deuteronomio 6:6-7 dice: "Y estas palabras [mandamientos] que yo te mando hoy . . . las repetirás a tus hijos." No a tus sobrinos o tus nietos. Eso no quita la responsabilidad espiritual de los tíos y los abuelos; pero la responsabilidad primaria es de los padres. Dios nos da una clara lección en el pasaje de Éxodo 2:7-9. Cuando la hija de Faraón se da cuenta de que no puede criar al bebé que había encontrado abandonado en el río, Dios provee. Sin que la hija de Faraón se dé cuenta, Él envía a la propia madre del bebé para que lo crie. Dios mismo lo regresa a los brazos de su madre. Era responsabilidad de ella criarlo.

En tercer lugar, aprendí que cuando los hijos se separan de los padres para asistir a la escuela y recibir su enseñanza académica, los padres debemos enseñarles a cuidarse de los peligros y de los malos amigos, así como de los consejos y la orientación no cristiana. A veces viene del maestro mismo. Damos gracias a Dios porque ha levantado un gran número de colegios y escuelas cristianas a través del continente americano. Lamentablemente, en muchos países, o por diferentes circunstancias, los padres no pueden poner en colegios cristianos a sus hijos. En cualquier caso, hay que cuidar lo que ellos reciben.

Un día, escuché a una de mis nenas cantar. Ella apenas tenía seis añitos. De repente puse atención a lo que cantaba. A voz en cuello entonaba: "Con flores a María, venimos hoy a cantar; a nuestra santa madre . . ." Dejé lo que estaba haciendo. ¡Era el momento de enseñarle nuestra identificación como cristianos evangélicos! No le di una disertación teológica; pero quería que ella entendiera nuestra posición espiritual.

Fue en esos primeros días del inicio de su vida estudiantil que Dios impresionó en mi corazón la enseñanza del versículo 27 de Lucas 10: "Amarás al Señor tu Dios . . . con toda tu *mente*." Me enseñó que mi oración diaria por mi hija debería de ser: "Señor, guarda su mente de enseñanzas contrarias a tu Palabra." En mi ignorancia e inmadurez tanto como madre y como cristiana, Dios tuvo misericordia de mí e insistió que yo orara así. Varios años después aprendí acerca del humanismo y el daño tan serio que esa enseñanza puede hacer a una mente cristiana.

No puedo hacer suficiente énfasis en que la madre cristiana tenga esta oración por sus hijos, no importa en qué nivel de estudios estén. He ahí la importancia de los colegios cristiano-evangélicos donde maestros cristianos enseñan una filosofía cristocéntrica y alimentan la mente de los niños con la Palabra de Dios, guiándolos así hacia la verdad. La constante oración de que Dios proteja la mente de nuestros hijos es importantísima para el crecimiento y la madurez espiritual de ellos en Cristo.

Las madres observadoras podrán notar que los medios de comunicación influencian grandemente a nuestros hijos. Un comercial de cierto juguete provoca que una niña llore y ruegue que se le compre ese juguete; pero tiene que ser precisamente de la marca anunciada, si no, no sirve.

Por las circunstancias económicas muy difíciles en el hogar, muchas madres se ven en la necesidad de trabajar fuera del hogar. La televisión se ha convertido en "nana" y "nodriza" de los niños. Los padres, en especial la madre, regresan al hogar tan cansados, a preparar alimentos, hacer la limpieza y otros muchos quehaceres, que la construcción de valores cristianos y el cuidado mental y espiritual de los hijos pasa a segundo o último término. El resultado es que tenemos una generación "evangélica" de niños y jóvenes que han sido criados, formados y orientados por el pensamiento humanístico y por la televisión y sus valores liberales.

La batalla espiritual

Si el mundo se toma el derecho de "programar" a nuestros hijos, de influenciarlos de tal modo que sus conceptos cambien y lleguen a parecerse a los del mundo, ¿por qué nosotras, las madres cristianas, no podemos hacer lo mismo? ¿Por qué no he de llenar la mente de mis hijos con la Palabra de Dios, con las actitudes de Dios, con las reacciones de Dios, para que sus mentes no sean conformadas a este siglo? (Véase Romanos 12:2.) Las madres cristianas necesitamos más agresividad para confrontar a Satanás y no permitirle adueñarse de la mente de nuestros hijos.

Hoy día, la madre cristiana tiene a su alcance innumerables medios para aprender acerca de la batalla espiritual por la mente de sus hijos. Cuando mis hijos estaban creciendo, hace más de treinta años, si alguien en el medio evangélico mencionaba acerca de la batalla espiritual y la lucha contra Satanás era fichado, y muchas veces le pedían a tal individuo que abandonara la iglesia y buscara otra. Por lo menos, así era en el país donde crecieron mis hijos.

Como relaté en el primer capítulo, Dios me enseñó a ser discreta, a guardar las cosas en mi corazón y a luchar sola. Pero Dios me permitió aprender mucho acerca de la batalla espiritual. Hubo ocasiones en la vida de mis hijos, en especial de nuestro hijo varón, que sentí que literalmente arranqué su vida de las manos de Satanás. El diablo es mi enemigo acérrimo y ha tratado de destruir mi matrimonio, nuestro hogar, y la vida y la mente de nuestros hijos. Pero Satanás se olvida que *más grande y poderoso que él es el que está en mí.*

Satanás tiene flechas y armadura bien preparada, afilada y lista, que usa sólo para la vida y la mente de los hijos de líderes y pastores cristianos. ¿Cómo lo sé? Porque lo he visto en acción. Los hogares de los líderes son su blanco favorito. Le siguen los hogares cristianos. Los odia a muerte. ¿Cuándo aprenderán los cristianos, no importa su denominación, a luchar contra su enemigo?

El doctor Neil T. Anderson es autor de varios libros sobre la lucha espiritual, tales como *Victoria sobre la oscuridad, Rompiendo las cadenas* y *Caminando en la luz.* En su libro *La seducción de nuestros hijos*, dice: "Las armas más grandes de Satanás para confundir a nuestros hijos en relación a su identidad son sus mentiras. Él es el padre de las mentiras (Juan 8:44) y él trabaja disfrazado . . . Él se aprovecha de los niños cuyos padres no están protegiendo sus mentes en contra de sus dardos de fuego con el cinto de la verdad y el escudo de la fe (véase Efesios 6:11-17)."[1] Sigue diciendo: "Las escuelas están cambiando gradualmente desde el énfasis en las habilidades cognoscitivas (los datos y la información) a las habilidades de afecto (sentimientos y actitudes) . . . Estos términos incluyen: cambio de valores, modificación de comportamiento, razonamiento moral, razonamiento superior y educación holística.[2]

---

1 *La seducción de nuestros hijos*, pág. 19.
2 Ibid., pág. 59.

La influencia satánica en el programa académico de todos los países es innegable. La pregunta surge: ¿Qué puede hacer una madre contra esto?

Permítaseme dar algunas sugerencias:

1. Lea y estudie en la Biblia los pasajes que hablan de lucha espiritual, en especial Efesios 6:11-18; 2 Corintios 10:3-5; Colosenses 1:13-14.

2. Lea libros acerca de la batalla espiritual, sobre todo en relación al hogar y los hijos. Opino que en todo hogar cristiano debe haber cuando menos estos dos libros: *Cómo transferir la fe a nuestros hijos* y *La seducción de nuestros hijos*.

3. Asista a seminarios, congresos, conferencias y pláticas que se relacionen con la lucha espiritual para aprender métodos que le ayuden a proteger su hogar.

4. Acostúmbrese a revisar las tareas y los libros de sus hijos. Pregúnteles lo que les enseñó el maestro. Si tiene dudas sobre alguna enseñanza, llame o visite al maestro y pregúntele al respecto. Los deberes y las tareas de sus hijos deben ser vistos a través de la Palabra de Dios. Recuerde que el humanismo coloca al hombre (al niño) en el centro de todo y excluye a Dios.

Muchas mujeres dicen que esto es mucho trabajo. Por supuesto, ser madre es trabajo; no es fácil. Conozco a una mamá joven que, al estar convencida de que su hogar estaba siendo atacado por Satanás, decidió documentarse acerca del tema. Como trabaja fuera del hogar, tiene cuatro hijos y lleva un horario muy lleno, le pidió a una persona que ha enseñado sobre la lucha espiritual que le ayudara. No pudieron encontrar otro horario más que el domingo por la mañana. Le pidió al esposo que llevara a los niños a la iglesia, hizo arreglos para su clase de Escuela Dominical y pasó la mañana del domingo estudiando con el maestro. Fue bien aprovechada su mañana.

Al poner este ejemplo, no sugiero que el cristiano deje de asistir a su iglesia. Lo que quiero mostrar es que a grandes problemas, grandes soluciones. Si una madre comprende la importancia de guiar a sus hijos, hará todo lo necesario para llevarlos por el camino del bien. De lo contrario, debe resignarse a perder a sus hijos para las sendas de Dios. Al diablo le será fácil llegar a esas mentes.

Cuando yo luchaba por la mente de mis hijos, la Palabra del Señor vino en mi auxilio. Encontré lo que llamo "La constitución del hogar", escrita en Deuteronomio 6. En el versículo 6 me explica cuál es el primer requisito: la Palabra de Dios debe estar primero *sobre mi propio corazón*. Si no la tengo yo, no puedo esperar que mis hijos la tengan. Si yo no la amo, la leo, la memorizo y, sobre todo, *la obedezco*, no puedo esperar que mis hijos lo hagan.

Para tener la Palabra en mi corazón, necesito dedicarle tiempo. Hay toda clase de arreglos de horario para tener tiempo. Cuando mis hijas era pequeñitas, antes que cumplieran dos o tres años, mi hora era cuando ellas se acostaban a dormir su siesta, a mitad del día. Conozco a una señora que tiene que viajar en ómnibus cuarenta y cinco minutos de ida y vuelta a su trabajo. Dedica ese tiempo a estudiar la Palabra. Se compró una grabadora con audífonos y escucha algunos mensajes que le enseñan la Palabra. Otras mujeres se levantan media hora más temprano.

Las interrupciones son muchas; pero hay mujeres en todo el continente latinoamericano que buscamos la Palabra porque estamos convencidas de que es lo *único* que puede proteger nuestros hogares y la mente de nuestros hijos contra el enemigo, Satanás.

Muchos predicadores recomiendan que el tiempo devocional sea en el mismo lugar, a la misma hora. Eso es lo ideal. Pero no se desanime si no puede hacerlo así. Lo que importa es que lea la Palabra y tenga comunión con el Señor. Sature su corazón y su mente con la Palabra para que tenga respuestas sabias a las preguntas de sus hijos.

Después de este requisito, viene la orden: "La repetirás a tus hijos." La lección es tan clara; el Señor nos instruye *cómo, dónde y cuándo* debemos repetirles la Palabra a nuestros hijos. Dios espera que sean los padres los que cumplan con estas órdenes para que Él haga la obra en la mente y el corazón de los hijos.

Hay personas que argumentan que "a los hijos no hay que darles mucha Biblia, si no, se van a rebelar". El mucho conocimiento bíblico no crea rebelión en los hijos. Lo que causa la rebelión es la vida de los padres, que predican una cosa y viven otra. En mis años de consejería a la juventud, este es el mayor problema con el cual he tenido que luchar. Los jóvenes se quejan y dicen: "Mis papás son una cosa en la iglesia, y otra en la casa." Ese doble mensaje que transmitimos a los hijos, predicando una cosa y viviendo otra, es tan dañino que he visto a jóvenes alejarse por completo de Dios.

Si le parece que la tarea es muy difícil, piense en que Dios no hubiera puesto ese pasaje en las Escrituras si Él no tuviera la intención de que lo cumpliéramos. Muchos padres, en generaciones anteriores, lo han cumplido. ¿Cómo, cuándo y dónde?

- Repitiéndolas: corrigiendo actitudes y vocabulario a la luz de la Palabra, con la casa llena de música de himnos.
- Hablando de ellas: en la casa, dondequiera que andemos (paseos, escuela, trabajo), al acostarse, al levantarse.
- Atándolas como señal en la mano, sobre nuestra frente y en el portal de nuestra casa: cualquiera que conozcamos sabrá que somos cristianos.

Los hijos, entonces, recibirán sólo el mensaje de Dios. La próxima generación de cristianos evangélicos será fuerte y bien alimentada espiritualmente; amará a su Dios; la iglesia será poderosa y su testimonio indestructible. ¿De dónde salieron cristianos así? De hogares cristianos bien cimentados en la Palabra de Dios.

Fue muy hermoso cuando, un día, Dios me habló y me dijo: "Ya ves, Beatriz, están cumpliendo la promesa que tú y Virgilio me hicieron de ser instrumentos para que sus hijos se dediquen al ministerio cristiano. Al poner en práctica la Palabra y al repetirla a sus hijos los estás preparando para el plan que yo tengo para ellos."

Mi corazón se llenó de agradecimiento y me maravillé de la gracia de Dios. Me sentí humilde y limitada, y comprendí las palabras del apóstol Pablo: "Porque cuando me siento débil, entonces soy fuerte" (2 Corintios 12:10).

Estoy convencida que Satanás espera con ansia el día que nuestros hijos ingresen a la escuela para poder apropiarse de sus mentes con influencias no cristianas de sus compañeros y maestros que les inculcan enseñanza humanista. Mi esposo y yo decidimos, en esa temprana edad de nuestra niñita, que protegeríamos de las influencias de Satanás la mente de nuestros hijos. No nos sentíamos capaces. Sufrí mucho de rodillas, pidiendo al Señor misericordia por mi poco entendimiento de cómo ser una buena madre cristiana, protectora fuerte, para guardar a mis hijos de las muchas influencias satánicas a su alrededor. Al fin, comprendí que no sería por mis propias fuerzas ni por mis lágrimas. Sería únicamente por la gracia y la voluntad de Dios que lo lograríamos, juntos, mi esposo y yo.

Dios impresionó en mi vida la importancia de ser constante. Cierto día, leyendo un libro sobre la disciplina de los hijos, vi que los maestros y los psicólogos ponen gran énfasis en la importancia de la constancia en la disciplina. Lo trasladé a la vida espiritual. Fue de gran ayuda el ejemplo de mi esposo. Diariamente madrugaba e iba de cuna en cuna orando por cada nena. Luego yo sentía que se arrodillaba al pie de nuestra cama a orar por mí. Después iba a sentarse al comedor, para no despertarme tan temprano, a leer y estudiar su Biblia. En nuestro hogar hemos tenido ese modelo ya por más de cuarenta años. Pero en esa etapa, yo no lo había aprendido.

Dios me habló; me reprendió por las veces que yo no era constante con el estudio de su Palabra y la oración. También me enseñó la importancia de no dejar pasar un solo día sin charlar con mi nena acerca de lo que ella había oído y aprendido como punto de partida para orientarla, aconsejarla y prevenirla.

Pronto mi esposo y yo principiamos a hablarle muy en serio a nuestra nena sobre la necesidad de recibir a Cristo como Salvador. Ella era dócil y obediente; pero tenía que reconocer la necesidad de un Salvador. Escuchaba con atención los mensajes evangelísticos de su padre. Veía que la gente pasaba al altar arrepentida y que yo muchas veces oraba con esa gente necesitada. Conocía el camino de la salvación; pero no era suficiente. Deseábamos ver a nuestra hija convertida a Cristo. Hubo ocasiones en que nos insinuaron que era muy pequeña, apenas de cinco añitos. Sin embargo, yo oraba que Dios tocara su corazón y que el Espíritu Santo la preparara.

Nuestro gozo fue enorme el día que, en un pueblo cercano a la ciudad capital, durante una campaña evangelística, ella pasó al frente, solita, ¡como a ella le gusta hacer las cosas! La vimos pasar y no nos acercamos. Dios tenía que hablar a su corazoncito. Era muy importante que ella escuchara a Dios y sintiera la presencia del Espíritu Santo, aunque sólo tenía cinco años. Después de todo, Él era el que viviría con ella de allí en adelante, no nosotros.

Esa noche, de nuevo, con muchas lágrimas, le volvimos a decir a Dios que esa niñita era de Él. Al día siguiente, al servir el desayuno, Dios me habló: "Beatriz, ahora no sólo estás sirviendo a un siervo de Dios — tu esposo — sino a una futura sierva de Dios."

Sentí que había valido la pena el sacrificio, el sufrimiento y las limitaciones que habíamos tenido que pasar esos primeros años. Aún teníamos sufrimiento y limitaciones; pero esa experiencia espiritual de mi niña me hizo sentir el gran privilegio que yo tenía como madre, de poder ser servidora de futuros siervos de Dios (Isaías 59:21; Salmo 78:1-8). La perspectiva de mi papel de madre principió a cambiar. La carga de tratar de ser una madre siempre perfecta, siempre en control, muy espiritual y super madura empezó a desaparecer.

Me preocupaba mucho que mis dos nenitas me vieran llorar y sufrir. Deseaba con todo mi corazón darles el ejemplo de un ministerio de victoria y felicidad. No quería que fueran a tener la idea de que en el ministerio se sufre tanto que no vale la pena dedicarse a él. No quería que igualaran mis lágrimas de dolor por heridas emocionales con lágrimas amargas en contra de Dios. Uno de mis puntos más débiles ha sido la ausencia de mi esposo en sus muchos viajes. Cuando él viajaba, trataba de que mis hijitas no percibieran mi dolor. ¡Cuán equivocada estaba!

Poco a poco, a través de diferentes etapas maternales, Dios me ha ayudado a comprender que es importante ser positiva y estar feliz en el trabajo del Señor; pero no siempre hay completa victoria. Hay momentos de desánimo, falta de fe y desesperanza. Hay decepciones, crítica y dolor. Pero en esta etapa mis nenitas estaban creciendo y ciertamente yo no quería envenenarles el corazón con actitudes de derrota.

Me costó mucho aprender el equilibrio. Leí todo lo que pude sobre la comunicación, en especial dentro del núcleo familiar.

Aprendí a dar el mensaje positivo, y que mi nena lo entendiera y aceptara bien. Sin embargo, al escribir este libro, me doy cuenta de que aún no he llegado a alcanzar la perfección en la comunicación. Mi esperanza es que Dios, que es el autor de la comunicación, haya podido interpretar mis mensajes de una vida cristiana feliz y positiva a mis hijos.

Tiempo "como amigas"

En esta edad, principié una costumbre con mi nenita. Ya casi tenía siete años y periódicamente salíamos juntas. Era nuestro tiempo "como amigas". No íbamos al supermercado, ni a hacer ningún mandado, ni una visita. Íbamos las dos a pasear a las tiendas. Platicábamos de ropa y zapatos, y de sus amigas. A veces ella se probaba zapatos (y a veces yo también); pero yo no llevaba dinero para comprárselos y eso nos hacía reírnos juntas. Después, nos sentábamos a tomar un refresco, a platicar otro poco y reírnos mas.

Nuestro ministerio era sumamente consumidor en estos años. Pero me propuse que dedicaría tiempo para ser amiga de mi hijita. Me interesaba mucho lo que pensaba de sus amigas, de qué platicaban, cuáles eran sus sueños infantiles. En uno de esos tiempos juntas fue que me dijo un gran secreto: ¡Ella soñaba con ser bombera! No reaccioné ante ella; pero corrí con mi esposo para contárselo.

— Nuestra nena quiere ser bombera — le dije —. No quiere ser misionera.

— ¿Así te dijo ella? — me preguntó.

—No — le dije —. Sólo me dijo que quiere ser bombera.

Muy sabiamente, me contestó:

— Bueno, esperemos que llegue a ser bombera-misionera.

Era necesario que yo afirmara su femineidad, no su vanidad. Esos tiempos fueron tan especiales que decidí repetirlos con mi otra nena y, luego, con mi varoncito cuando tuviera la edad. Estos momentos son muy importantes en la vida de los niños para asegurar su identidad.

Cuando nuestro hijo varón cumplió ocho años, mi esposo comenzó a despertarlo muy temprano y juntos salían a correr. Después regresaban muertos de hambre a comerse un buen desayuno. No me era permitido como mamá sentarme con ellos.

Ese tiempo era "sólo para hombres". Un día, le pregunté a mi hijo qué cosas platicaban él y su papá.

— No te puedo decir — me dijo —. Son cosas de hombres.

Fue durante esos momentos que mi esposo aprovechó para enseñarle a amar a la mujer, a tratarla como caballero, a ser hombre íntegro y honesto. Todos los días tenían su devocional juntos. Después cada uno se aseaba e iba a sus labores diarias. Mi esposo es un hombre de múltiples ocupaciones; pero dedicaba tiempo temprano cada día para darle a su hijo su identidad varonil.

Muchas veces me atacó el sentido de culpabilidad cuando paseaba con mis nenas. Pensaba que debiera estar enseñando un estudio bíblico, o hablándole a alguien de Cristo, o ayudando a mi esposo en su oficina. Dios me ayudó a no cancelar estos tiempos de acercamiento por "las demandas del ministerio". Durante esos ratos juntas les repetía constantemente: "Soy tu mejor amiga. Nunca nadie te va a amar como yo. Tus amigas te dirán muchas cosas. Sólo tu padre y yo te diremos siempre la verdad."

Reíamos juntas de cosas importantes y cosas tontas; no importaba. Comprendí la importancia de la risa. Cuando llegábamos a casa, se ponían a jugar y a reírse con su hermanito. Esos tiempos nos ayudaron a mi esposo y a mí a volvernos como niños.

Una noche, durante nuestro tiempo devocional, estando mi esposo ausente, la nena más pequeña me dijo:

— Mami, Bellita se está riendo y tú estas leyendo la historia bíblica. ¿Verdad que reírse es pecado?

— Vamos a ver qué dice la Palabra de Dios — le contesté —. En Marcos 10:13 encontramos a un grupo de adultos amargados que no querían que los niños molestaran a Jesús. Pero Jesús se enojó y los regañó. Abrazó a los niños y les dio su bendición especial. ¿Saben ustedes por qué los niños seguían a Jesús? Seguramente era porque Él se reía con ellos. Los niños no siguen a una persona enojada, seria y regañona. Así que Jesús entiende cuando tu hermanita tiene tanta risa que no puede contenerla. Deja que se ría y tú ríete con ella.

Cuántas veces les damos a los niños un evangelio "de adultos". A esa edad, de cinco a siete años, es muy común que al final del día los niños estén listos para sacar aún con más risa toda su energía. La risa es una medicina preventiva y le agradezco a Dios que mi hogar estuvo lleno de las risas de mis nenitas.

Estoy segura que en el cielo habrá niños corriendo por todos lados y riéndose. Yo quiero reír y jugar con ellos. Mis hijos me lo enseñaron.

Capítulo cuatro

Lo que mi niña me enseñó

> *Yo te alabo, oh Padre, Señor del cielo y de la tierra,*
> *porque escondiste estas cosas de los sabios y entendi-*
> *dos, y las revelaste a los niños.*
>
> Lucas 10:21

*L*ós enormes ojos verdes de mi niña estaban llenos de lágrimas. Con voz quebrada por la emoción y el enojo me
anunció: "Yo no regreso a esa escuela. Los niños se burlan de mí.
No puedo hablar bien el inglés y en el autobús un niño me jaló el
pelo."

Esta escena es común en muchos hogares; pero era difícil para
mí aceptar tal desafío. Nos habíamos trasladado a los Estados
Unidos buscando oportunidades de estudios superiores para mi
esposo. Vivíamos casi sin dinero y, para colmo, ¡yo estaba embarazada! No entendía por qué Dios había escogido precisamente
ese momento para poner en problemas a mis nenas.

La pequeña, con sus cinco añitos, no entendía bien lo que
sucedía. Ella iba a la escuela todos los días y les contaba en su
inglés a medias a los niños de su clase que su mamita pronto iba
a tener otro bebé. Un día la maestra me llamó y dijo:

— Señora, a diario Becky nos contaba de su embarazo. Pero desde
hace cuatro días no quiere decir nada. Yo me preocupé pensando que
tal vez usted había perdido al bebé. Al preguntarle a Becky, me
contestó: 'No quiero hablar del bebé. ¡Mi mami se lo tragó!'

Cuánto nos reímos, y durante muchos años hemos gozado de
esta anécdota familiar.

Un día, Becky decidió que como ella no podía hablar ni inglés
ni español ya no hablaría. Principié a notar que no me oía. Yo la
llamaba y ella seguía caminando. Varias veces le pregunté si me
escuchaba cuando yo le hablaba.

— Sí te oigo — me decía.

— Entonces, ¿por qué no contestas? — le dije.

— Porque no sé ni inglés ni español. No entiendo por qué en este país no hablan todos español — me contestó.

¡Pero seguía sorda! Lo consulté con mi esposo, preocupada por la situación de la niña. Él lo comentó con un maestro y éste le explicó que en muchas ocasiones los niños hacen de la sordera un mecanismo de defensa cuando no pueden hablar un idioma. Le aconsejó que antes de llevarla al médico, para lo cual no teníamos dinero, la observáramos en situaciones fuera del hogar, como la escuela o el autobús.

Mi esposo decidió ir a dejarla al autobús por varios días. Se dio cuenta de que tan pronto la niña se subía al autobús principiaba a platicar con sus compañeritas. La maestra reportó que respondía muy bien, aunque hablaba con fuerte acento el inglés. Entonces la confrontamos en la casa.

— Hijita, ¿por qué te haces la sorda? — le preguntamos.

Inocentemente, ella contestó:

— Porque no sé inglés y el español se me está olvidando.

Esa fue otra historia risible que pasó a formar parte de nuestro feliz hogar.

Ahora me encontraba ante mi hija mayor que ya no quería regresar a la escuela. Mi corazón estaba muy dolido. *¿Qué podía hacer para proteger a mi niña de los crueles comentarios de los demás?* Me hallaba muy confundida y comencé a luchar con Dios. *¿Por qué? ¿Por qué?* Quería respuestas y las exigía. Pero Dios callaba.

Mi salud física no era de lo mejor; mi embarazo era difícil y aunque estando lejos de nuestro ministerio no teníamos la demanda contínua, estábamos constantemente presionados por ver de dónde iba a llegar nuestra próxima comida. La bendición de haber crecido en un hogar de pastores, quienes enseñaron a sus hijos a vivir por fe salió en mi ayuda. Volví a recordar 1 Tesalonicenses 5:24: **"FIEL** es el que os llama . . . "**, pero como estaba de pleito con Dios, dije: "Pues, Señor, ¡no se nota! ¿Qué le digo a mi niña? Está herida, llorando y sufriendo. Para ella esto es muy real e importante."

Las crisis de nuestros hijos

¿Cómo enfrentamos las madres cristianas las crisis de nuestros hijos? Pudiera parecer que esto no era una crisis sino un lloriqueo y que simplemente había que decirle a la niña que tenía que aceptarlo, callarse y seguir yendo a la escuela. Pero eso no me gustaba. Yo veía el futuro y quería preparar a una mujer que se defendiera, que supiera luchar y confrontar cualquier crisis, que supiera quién era y que demandara respeto y aceptación de los que la rodeaban.

Mi esposo no me ayudó. Cuando se lo conté y le pregunté lo que debíamos hacer, me dijo:

— ¿Ya oraste acerca de esto?

Me enojé. ¿Por qué tenía que orar? ¿No tenía yo un intelecto para resolver mis problemas? Yo podía pensar y decidir. Pero al que tiene esta clase de actitud la Biblia lo describe como fatuo. Yo estaba cansada, físicamente deprimida, lejos de mis amigos, mi familia, mi iglesia y el ministerio; además, sin dinero.

Una de esas noches nos tocó leer el Salmo 12. Mi esposo le pidió a la nena mayor que leyera en voz alta. Ella, obediente, comenzó a leer. Tuvimos que ayudarla, aunque sabía leer bien en español; pero ya se le estaba olvidando. Lentamente pronunciaba las palabras. Cuando terminó, levantó su vista de la Biblia y anunció:

— No entendí nada.

Pero . . . *¡yo sí!*

Dios me habló a través de los versículos 3 y 4: "Jehová destruirá todos los labios lisonjeros, y la lengua que habla jactanciosamente; a los que han dicho: Por nuestra lengua prevaleceremos; nuestros labios son nuestros; ¿quién es señor de nosotros?"

Entendí de inmediato que yo estaba cometiendo el pecado de la autosuficiencia. Me esforcé para escuchar la explicación que mi esposo nos daba del salmo. Nos explicó que la Palabra de Jehová es palabra limpia (v. 6) y que las palabras que muchas veces escuchamos en la escuela o en la calle no son buenas y positivas, porque no son limpias. La nena asintió con la cabeza.

— Además — prosiguió mi esposo —, tenemos la promesa del versículo siete: 'Tú, Jehová, los guardarás.'

Cada uno de nosotros estaba "guardado" por Jehová. Cuando a Bellita le jalaba el pelo un niño, o una niña se burlaba de ella, Jehová la estaba guardando. Esos niñitos no sabían que ella le pertenecía a Jehová. Eso sonaba muy lindo pero mi mente no participaba. Sentía una gran vergüenza por mi autosuficiencia. La nena, sin embargo, nos miró y declaró:

— Ya entendí.

Al día siguiente desperté con un corazón muy cargado. Tenía que despertar a Bellita y llevarla al autobús. ¿Qué haría yo si ella no quería subirse e ir a la escuela? Quería preguntarle sobre eso a mi esposo; pero como estaba enojada con él, no quise hablarle.

La nena, tranquilamente, se levantó, desayunó silenciosa y la llevé de la mano al autobús. Antes de subirse me miró con sus grandes ojos y me dijo:

— No te preocupes, mami. Jehová me guarda.

Casi no pude contener el llanto. ¡Cuán fatua, necia y testaruda había sido! Yo quería enseñarle a mi hija; pero no tenía fuerzas emocionales para hacerlo. No podía enseñarle algo que no tenía. Mi rebeldía interior era tal que no podía pronunciar palabras para ayudarla. Pero Jehová, su guardador, la instruyó. Aprendió que no hay que huir de las crisis sino enfrentarlas, y enfrentarlas de manera positiva para salir triunfadora. Lo logró. Yo, en cambio, tuve que llorar lágrimas amargas. Mi niña se hallaba en los años difíciles antes de entrar a la adolescencia y yo apenas estaba aprendiendo a ayudarla a vencer sus dificultades. En esta experiencia no había podido ayudarla por la rebeldía y la amargura de mi corazón.

Llegó el tiempo en que Dios habló y yo escuché. Me hizo ver mi falacia y me sentó en su regazo. Llena de llanto puse mi cabeza sobre su hombro y Él sí entendió. Después de pedirle perdón le dije:

— Señor, estoy muy cansada. Este embarazo es muy dificultoso y ya me cansé de vivir sin dinero. Haz algo.

Dios se rió de mí y con amor me dijo:

— Beatriz, lo he estado haciendo todo el tiempo. No les ha faltado ni una comida en su mesa, sus nenas tienen suficiente ropa, su médico cristiano no les ha cobrado ni un centavo, les he guardado su salud y no han tenido que gastar en medicinas. Yo, Jehová, te he guardado. Ahora, lee tu Biblia. Tengo algo que enseñarte.

Abrí mi Biblia y leí lo primero que vi: Romanos 4:18-21. Me detuve y volví a leer . . . y una vez más leí el pasaje. Desde ese momento, comencé a aprender lo que es estar **plenamente convencido** de que Dios es poderoso para hacer todo lo que ha prometido. En esa etapa mi mayor deseo era tener un hijo varón. Como ya lo he relatado, después que los médicos me aseguraron que no habría más embarazos y después de cinco años de espera, ahora me encontraba en el umbral de dar a luz a nuestro tercer hijo. Tomé esa promesa como de Dios y Él me concedió el deseo de mi corazón.

También relacioné esta promesa con nuestra situación en esos días. Analizando las cosas, Dios tenía razón. No nos hacia falta nada. Es verdad que no teníamos dinero para un buen auto, ni para irnos de compras cada semana a centros comerciales tentadores y cercanos. No teníamos un ropero lleno de ropa; pero no nos hacía falta nada.

Me levanté y entré a mi cocina. Las vajillas hermosas son una de mis debilidades. Me gusta una cocina limpia y bonita. Aquella estaba muy vieja y manchada; pero no sucia. La casita que rentábamos era muy vieja. El linóleo del piso estaba despegado en varios lugares. Era bastante deprimente. Pero *no nos faltaba nada*. Algunas iglesias nos habían regalado ropa. Hermanos cristianos nos daban lo que les sobraba. La vajilla no era nueva; pero estaba limpia y en nuestra mesa siempre había comida.

Si visitábamos una iglesia para predicar, hablábamos con el pastor sobre la posibilidad de obtener ropa usada de su congregación. De ese modo varias iglesias vinieron a nuestro auxilio. Un día, mi esposo llegó a casa con dos cajas grandes de ropa. ¡Era como si hubiera llegado Papá Noel! Sacamos todo, nos lo probamos, nos reímos mucho porque alguna nos quedaba y otra no. Pero resultó que todos recibimos algo. Y algo bueno. Mis nenas "estrenaron" ropa para la escuela al día siguiente. Juntos, con nuestra ropa "nueva" puesta, le dimos muchas gracias a Dios por proveer para nosotros y le pedimos que les diera más a nuestros hermanos cristianos.

Al terminar de orar, la nena mayor me dijo:

— Mami, eso que oraste no está bien. Tú le pediste a Dios que les diera más a los hermanos; pero creo que lo hiciste por interés.

— ¿Por qué dices eso? — le preguntó su padre.

— Porque mi mami pensó que si Dios les da más, nos mandan lo usado a nosotros.

Nos reímos; pero yo pensaba: *Mi hija no está alejada de la verdad.*

La confianza en Dios y su poder

Al mismo tiempo, enseñamos a nuestras hijas a ofrendar. Mi esposo leyó 2 Corintios 8:2, acerca de las iglesias de Macedonia "que en grande prueba de tribulación, la abundancia de su gozo y su profunda pobreza abundaron en riquezas de su generosidad". Ciertamente nosotros no estábamos en "profunda pobreza". Teníamos más que muchos otros; pero era necesario dar nuestras ofrendas y diezmos *con gozo*, aun de lo poco que teníamos.

Durante ese tiempo ayudábamos a sostener a un niñito en las Filipinas. Orábamos por él y le pedíamos a Dios que bendijera lo poco que estábamos enviando.

Para mí era muy importante que mis nenas aprendieran la confianza en Dios y en su poder de suplir todas nuestras necesidades cuando vivimos por fe. Muy a menudo les repetía que ellas iban a ser misioneras o esposas de pastores y tenían que aprender a vivir con poco y estar contentas con lo que tenían. Nunca nos avergonzamos de vestirnos con ropa usada. Eso, para mí, no es una vergüenza. Si Dios, mi Padre celestial, me ha provisto ropa, con gusto me la pongo. Soy hija de un Rey y el ponerme ropa usada no quiere decir que mi padre, el Rey, es pobre, sino que tiene tanto que me da usado, nuevo y de todo.

Con el paso de los años y al observar el llamado de Dios en la vida de mis hijas, le doy gracias a Dios por esos años de pobreza y necesidad. Ellas aprendieron a confiar en el Señor y su fe se fortaleció. Nunca han metido en deuda a sus esposos ni les han pedido más de lo que ellos pueden darles. Están contentas con lo que tienen, poco o mucho. Lo importante no es lo que uno *tiene* sino lo que *es*. Ese ha sido siempre mi lema.

¿Qué ayuda podía darle a mi hijita en sus luchas? Esa misma tarde salimos juntas a caminar. Le platiqué lo que había pasado y cómo Dios me había llevado a ese gran pasaje de la fe. También le expliqué que algunos problemas vienen porque nosotros los provocamos, algunas veces con nuestras actitudes o con nuestras reacciones. Ella era muy independiente y el ser de otro país la singularizaba más. Además, había viajado bastante y conocía otras culturas y mucha gente. El hecho de estar creciendo en un hogar de líder, de pastor, le daba un vocabulario más extenso y sabía cosas a las cuales los demás niñitos no habían estado expuestos. Nos sentamos en la banquita de un parque y la invité a evaluar sus reacciones hacia su maestra, los niños y la escuela en general. No contestó nada. En su mente analítica lo estaba procesando todo. Regresamos en silencio a casa. Yo traía una oración: "Señor, ayúdame a enseñarle a *vivir.*"

Hay padres cristianos que no han entendido la gran necesidad de enseñarles a sus hijos a vivir. Les enseñamos de todo: a vestirse, a saludar, a ser amables, a no tomar lo ajeno, y mucho más. Aunque todo esto es parte de la vida, no les enseñamos a vivir. La vida se les presenta llena de problemas y para resolverlos y salir triunfantes necesitan tener herramientas interiores.

Considero que lo primero que hay que enseñarles es que la vida no es fácil. Nacemos en un mundo malo, lleno de dolor. El dolor, la enfermedad y la muerte son parte de esta vida. El niño va a sufrir dolor, va a tener enfermedad, va a padecer y va a llorar la muerte. Por supuesto, no hay que repetirles eso todos los días. De ser así, criaremos hijos negativos y enfermizos. Tampoco, cada vez que se estornuda o se tose, hay que relacionarlo con la muerte. Se debe mantener un equilibrio positivo y sano, con la certeza de que nos espera algo mejor. Esta vida es pasajera; la eternidad es lo que vale.

La actitud positiva de los padres ante problemas y crisis enseñará a los hijos a sufrir sanamente. Hay que confrontar los problemas y tratar de resolverlos con las herramientas que Dios nos ha provisto: intelecto, buen entendimiento, fuerza física, buenas reacciones, así como una enorme y ciega confianza en Dios. No hay que presentar el problema más grande de lo que es. Tampoco debemos olvidar que la Palabra de Dios nos advierte que "en el mundo tendréis aflicción" (Juan 16:33).

Enseñamos a los hijos a vivir cuando les mostramos en la práctica cómo vivir con los demás. Cada persona es diferente. Para vivir con éxito tenemos que tener elementos de aceptación, entendimiento y consideración por los demás. El niño nacido en el hogar de un pastor o de un líder tiene más oportunidad de aprender eso por su constante trato con la gente; pero también tiene más necesidad de aprenderlo bien. Conozco hijos de pastores que resienten mucho a la gente porque sus padres no les han enseñado que su trabajo es con gente y que la gente demanda tiempo y atención.

Los padres que sirven en el ministerio deben cuidar muy delicadamente de no hablar *jamás* de los problemas de la gente delante de sus hijos. Menos aún deben quejarse de lo que los hermanos les dicen o les hacen. Eso es muy dañino para la vida de los niños. No sólo aprenden a criticar, sino que aprenden a no apreciar a la gente con la cual trabajan sus padres.

Hay que enseñarles a los niños que todas las personas son diferentes y que hay que aceptarlas tal como son. Es muy probable que nadie les enseñó a convivir con otros, a respetar a los demás o a aceptar a otros como son, y es por eso que actúan como lo hacen. O tal vez contestan mal porque les duele la cabeza o se pelearon con su marido antes de llegar a la iglesia. Hay miles de explicaciones de la razón por qué la gente actúa como lo hace.

Una de nuestras niñas, habiendo aprendido esta lección, me contestó así cuando llegó a casa y le pregunté cómo había sido su día en la escuela: "No muy bien. La maestra me regañó muy fuerte por una cosa que yo no había hecho. Fue muy injusta; pero, pobrecita, lo más probable es que se peleó con su esposo y llegó con dolor de cabeza. Mañana estará bien."

Con eso, terminó todo. Yo no fui a hacer escándalo porque la regañaron injustamente, ni le dije a mi niña que no la querían y la llevaban mal. ¡Tampoco le dije que la maestra era soltera y no tenía esposo! Me reí a solas. Ella ya lo había solucionado.

La ciencia del vivir

Aprender a vivir es una ciencia y los padres debemos enseñar esa ciencia. Somos más que dichosos . . . somos bienaventurados, porque como cristianos tenemos a nuestro alcance el mejor tratado sobre cómo aprender a vivir: La Biblia, y el mejor maestro: el Señor Jesucristo.

Día a día, poco a poco, con nuestras reacciones, nuestra manera de contestar, nuestras acciones, nuestro vocabulario, nuestro lenguaje corporal y nuestras expresiones estamos enseñándoles a vivir. Si hemos construido un patrón negativo, enfermizo, siempre decaído y deprimente, así serán nuestros hijos. En cambio, si hemos tomado en serio la verdad de que el Espíritu de Dios vive en nosotros (véase Gálatas 2:20) y que el que vive en Cristo vence al mundo con sus aflicciones (véase Juan 16:33), nuestros hijos aprenderán a llevar una vida de victoria.

Sin embargo, hay que saber alcanzar un buen equilibrio. Para el preadolescente y el adolescente la mayoría de los problemas que enfrenta son muy reales. No hay que darles menor importancia haciéndolos a un lado y diciendo que no les presten atención. Es necesario que nos sentemos y le demos toda la atención a lo que nuestro hijo o nuestra hija está expresando.

Una de las preguntas más frecuentes que me hacen los adolescentes es: "¿Por qué mi mamá no me pone atención, ni me escucha como usted?"

— Bueno — les digo —, lo más seguro es que tu mamá tiene mucho trabajo.

— ¿Y usted no? — me preguntan.

Cuán importante es que pongamos la debida atención a lo que el adolescente dice. No solamente a lo que expresa verbalmente sino a lo que su lenguaje no verbal dice mediante el movimiento de las manos, la posición de su cuerpo y la expresión facial. Creo que las madres aprenderíamos mucho si nos fijáramos bien.

La madre soltera debe estar lista para las preguntas acerca de la ausencia del padre. Al niño hay que decirle la verdad. Después de todo, algún día la averiguará y será más duro para él comprobar que su madre le mintió. La madre y no otra persona es quien se lo debe decir. Si usted es madre soltera y necesita ayuda, su pastor o un consejero puede acompañarla a platicar con su hijo.

El niño tiene derecho a escuchar de labios de su madre la razón por qué no tiene papá. Por eso, es muy necesario que los abuelos, los tíos, los primos y otros familiares aprendan la discreción y guarden sus labios en respeto a lo que la madre quiere que su hijo sepa cuando esté listo.

Una de las cosas más delicadas es lograr que una niña comunique cualquier abuso verbal o sexual. En mi práctica de consejera pastoral he comprobado que muchas madres no quieren escuchar de los labios de sus hijas la conducta desviada de su padrastro. Temen perder el sostén económico o la condición de mujer casada. Prefieren perder a la hija. Eso es sumamente doloroso. No puedo hacer suficiente énfasis en que los padres se ilustren con lecturas y conferencias sobre este peligro latente en nuestro medio. Existe mucho más de lo que pensamos.

Una de las cosas más importantes que debemos enseñarles a nuestros hijos es que no sean conformistas. En su mente puede haber el razonamiento: "Como soy cristiano, tengo que aceptar todo y callarme." ¡De ninguna manera! Dios espera que usemos el intelecto que nos ha provisto. Nuestra fe es una fe razonable. Debemos aceptar con el corazón y el intelecto lo que Dios nos ofrece: una salvación eterna, una cariñosa guía y una fiel paternidad.

Había mucho que mi niña tendría que aprender. ¡Y yo la tenía en mis manos para guiarla en los primeros pasos para que lo aprendiera! Pasaron varios días antes que me preguntara: "¿Mami, crees que puedo ser mejor que mis compañeros que se burlan de mí? ¿Cómo hago para que no me duela?" ¡Qué pregunta filosófica! ¿Quién no quisiera saber qué hacer para que no nos duela? Su mente demandaba respuestas y mi corazón de madre deseaba protegerla todo lo posible de daño y de angustia.

En esta etapa aprendí que no puedo negarles a mis hijos la bendición del sufrimiento. Eso es parte de la vida e imposible de evitar. Así que confrontamos el problema en forma directa. Le hice ver a la niña la importancia de que ella, en su interior, estuviera convencida de que estaba haciendo bien las cosas. Necesitaba ser humilde y sumisa, y no debía unirse a quienes gozaban de ridiculizar a los demás.

Le enseñé que siempre iba a haber sufrimiento en su vida, de una u otra manera. ¿Cómo salir triunfante? El secreto está en el tratamiento que se le da. Si ella trataba el sufrimiento como castigo de Dios, como maldición o como carga, le iba a ser sumamente difícil salir victoriosa. Hay que comprender que Dios permite el sufrimiento y tratar de entender lo que Él está diciendo y lo que quiere que aprendamos de esa experiencia.

— Hijita — le dije —, toda angustia, crisis o problema tiene su razón de ser. No permitas que pase por tu vida una experiencia de dolor sin que aprendas algo bueno. Debe valer la pena sufrir. ¡Qué triste es pasar por una gran angustia y no aprender nada! No pierdas las lecciones que puedes aprender del sufrimiento.

Esta enseñanza ha sido igual para mis otros dos hijos. A través de los años los he visto sufrir de varias maneras. A veces con tal rigor que a ellos y a nosotros nos ha parecido que la barca se nos iba a hundir. Pero he visto cómo Dios los ha sostenido. Dios nos levanta cuando le damos al sufrimiento el trato adecuado, de acuerdo con la Palabra de Dios.

Juntos hemos memorizado 1 Pedro 4:12-13: "Amados, no os sorprendáis del fuego de prueba que os ha sobrevenido . . . sino gozaos . . . ." También Santiago 1:2: " . . . tened por sumo gozo cuando os halléis en diversas pruebas."

La enseñanza sexual

A la edad de diez años mi hija Bellita tuvo problemas de salud. El médico nos aconsejó que le extirpáramos las amígdalas. Además, tenía dañado el corazón. Dos días antes de la operación, el médico nos indicó que debíamos platicar con ella acerca de la menstruación. Me quedé helada. No había pasado por mi mente que tenía que explicarle eso a una nena de apenas diez años. La veía todavía muy nenita, en sus reacciones y en sus juegos. ¿Para qué nublar su existencia con algo que aún estaba lejos, tal vez a dos años más?

— Sí — nos dijo el médico —, tal vez demore dos años o puede ser en el momento de la operación. Su cuerpo puede experimentar un cambio por el diagnóstico médico y es mejor que esté preparada.

En nuestra cultura latina, la madre se encarga de esto; pero yo le pedí ayuda a mi esposo. Cariñoso, como siempre, me respondió:

— Por supuesto, la nena es de ambos. A mí me toca explicárselo.

Siendo él un estudioso académico, consiguió un hermoso libro médico con figuras, nos sentó a las dos y le explicó a la nena el maravilloso milagro de Dios en preparar el cuerpo de la mujer para que más tarde tenga hijos y para cumplir con las funciones para las cuales Dios la creó. Yo no hubiera podido hacerlo tan bien. La niña observaba atenta, y después de orar, fue a dormir tranquilamente esperando su operación.

Aquí hay dos lecciones sobre las cuales deseo compartir. La primera es que para el hogar y la vida de los hijos es sumamente importante que la madre dé lugar a que el padre tome el liderato. Muchas veces el hombre no es líder en su hogar porque la esposa no lo deja. Conozco a esposos flemáticos o inseguros que tardan mucho en tomar decisiones, mientras que la esposa es segura y sabe qué debe hacerse. Ella, como mujer cristiana prudente, debe aprender a esperar a que el esposo tome el liderato. Pero hay mujeres que se desesperan y quitan de las manos el liderato al esposo. Otras veces la mujer no tiene respeto por las opiniones de su esposo. Esta circunstancia es muy dañina y enfermiza para el hogar. Si ella tiene más preparación académica o un mejor trabajo puede caer en la trampa de delegar a su esposo a un segundo término. Los hijos crecen despreciando la figura del hombre en el hogar.

La mujer prudente sabe esperar con paciencia. Ella invitará a su esposo a que tome su lugar de líder. Guiará a los hijos a que le comuniquen al padre sus necesidades y no sólo a ella. Buscará oportunidades para hacer sentir al esposo que sólo él puede ayudarla. No será una mujer autosuficiente. Recibirá con gusto la intervención del esposo y su interacción en los negocios del hogar.

La otra lección, muy importante, es que de los padres es la responsabilidad de la enseñanza sexual a los hijos. Hoy día no hay excusa para que los padres no enseñen bien a sus hijos sobre el sexo. Nuestras librerías cristianas están llenas de libros para guiar a los padres en esta difícil tarea. Una imagen sana y positiva, aunada a una conversación pertinente y versátil, guiará al preadolescente a desarrollar conceptos sexuales sanos en su vida.

Cierto padre escuchó una conferencia que mi esposo y yo dimos sobre cómo orientar a los hijos sobre el sexo. Al día siguiente llegó a decirnos:

— Fui a mi casa, llamé a mi hijo y le dije: 'Siéntate, quiero hablarte de tu vida sexual. No quiero que estés ignorante. ¿En qué cosas tienes dudas?' Pero, hermanos, no me contestó nada. No pude hablar nada con él porque no me preguntó nada.

— ¿Cuántos años tiene su hijo? — le preguntó mi esposo.

— Dieciséis — contestó el padre.

— Usted ya perdió dieciséis años — le dijimos.

Los padres cristianos tenemos la sabiduría de Dios para saber en qué tiempo nuestros hijos están listos para platicar sobre el sexo. Sugiero que los padres sean los que inicien la conversación. Si la pareja lleva una vida matrimonial feliz y una relación íntima satisfactoria los hijos lo van a detectar. No hay que darles todo un discurso científico acerca del proceso de una relación sexual. Pero, ciertamente, hay que enseñarles el cuidado de su cuerpo, el uso de sus órganos sexuales y, sobre todo, el peligro de la masturbación.

Los problemas de salud de los hijos afectan mucho a una madre. ¡Cuánto quisiera la madre que fuera ella la enferma y no su hijo! Durante todas las etapas de mi peregrinaje maternal he tenido que sufrir enfermedades en el cuerpo de mis hijos; algunas simples, de sólo unos días; otras, muy serias, de hospitalización; algunas, enfrentando la muerte; otras, de cuidados especiales. Pero en todas ellas Cristo ha estado presente. La paz de mi corazón la encontraba en el hecho de que sabía que ellos no nos pertenecían.

Hubo ocasiones cuando en las solitarias madrugadas le decía a Dios: "Señor, no quiero pedirte que salves a mi hijo. Si te lo llevas, que se haga tu voluntad. Pero te suplico que mires los campos blancos para la siega. Se necesitan obreros. Aquí te estoy dando uno. Sánalo para que te sirva, no sólo para darme felicidad." Luego analizaba mi corazón para estar segura que mi oración era sincera, sin engaños. No quería manipular a Dios.

En estas crisis aprendí que no es suficiente entregar a los hijos a Dios cuando nacen. Hay que entregárselos una y otra vez. Esto también sirve para que en el corazón de los padres se asegure la decisión de dárselos a Dios. También aprendí a darle gracias a Dios por las lágrimas. ¡Qué bueno que podemos llorar! Es un desahogo y no creo que a Dios le molesta que llore. Él me entiende, me abraza y me deja sufrir.

Como columnas labradas

Los años de la preadolescencia son muy vitales porque están fijando la personalidad de la persona, principiando con los cambios corporales y emocionales. Lo primero que noté en mi hija fue su irritabilidad. Sus hermanitos la aburrían y se molestaba cuando yo le hacía preguntas acerca de su día o de sus pensamientos. De todo peleaba y contestaba mal. Pero también noté que al rato se me acercaba para que la abrazara. Ella misma no se comprendía ni sabía lo que quería.

Como nunca había sido mamá de una adolescente, no sabía cómo serlo. Principié a leer sobre el tema y me asusté. Todo lo que leía era que la edad se presentaba con muchos conflictos y contradicciones. Entonces acudí a Aquel que me había ayudado durante los últimos once años. De nuevo vino a mí palabra de Jehová: "Sean nuestros hijos como plantas crecidas en su juventud, nuestras hijas como esquinas *labradas* como las de un palacio" (Salmo 144:12).

Mi niña tenía que ser **labrada**. ¿Qué significaba eso? Principié a pensar cómo se labra en madera, barro, arcilla o mármol. El que *labra* tiene bien definida en su mente la figura que piensa esculpir, el producto bien elaborado. El artífice no principia a trabajar en un pedazo de material hasta tener claramente, en su mente y en papel, la figura que desea obtener. Trabaja hacia el propósito trazado aún antes de principiar. Cada cincelazo es para llegar a ese propósito. Yo, como madre, podía imaginarme a Dios dando forma a la vida de mi hija para cumplir con el propósito que Él ya se había trazado. Con paciencia, Dios labraba la vida de mi niña, cincelazo a cincelazo.

En esa etapa aprendí a *no meter las manos* en ese pedazo de materia viva. Dos artífices no pueden labrar el mismo bloque. El desenlace sería una escultura con muchos defectos y sin simetría, resultado de dos mentes con propósitos distintos. En este caso, la vida de mi niñita y también la de mis otros hijos eran los pedazos de materia que yo le había entregado a Dios para que Él los labrara. Tuve que aprender a dejar que Dios lo hiciera y no sugerirle lo que debía de hacer. Como madre cristiana, le había entregado mis hijos a Dios; pero cuando empecé a ver cómo el martillo y el cincel cortaban, hundían, sacaban, atravesaban y moldeaban, me rebelé.

Dios me habló muy fuertemente y me vi forzada a comprender que Él sabía lo que estaba haciendo. Él tenía en mente todo el tiempo la columna palaciega que quería labrar con precioso diseño. Yo no conocía el futuro de mis niños; Él sí. Yo no veía las crisis y luchas que tendrían que pasar; Él sí. Yo sólo contemplaba el aquí y el ahora, y por no tener suficiente visión del futuro para decidir lo que era mejor para ellos, no debía meter mis manos.

Cuántas veces los padres, con la mejor de las intenciones, forjan el destino de sus hijos según lo que a ellos les parece mejor. Con gran tristeza he visto a padres cristianos que impiden que sus hijos se dediquen al ministerio cristiano. Creo que les da vergüenza admitir que su hijo o su hija estudia en un seminario. No suena igual decir que un hijo está estudiando medicina o ingeniería que decir: "Mi hijo va a ser pastor; estudia en un seminario."

No hay nada de malo estudiar y terminar una carrera universitaria. ¿Qué haría la iglesia evangélica sin laicos preparados y con testimonio firme e íntegro? Pero me refiero al sentimiento de desprecio con que se trata a los jóvenes que se dedican al ministerio cuando es el llamado más digno y santo que pueda existir. He tenido que confrontar a muchas madres que no querían que sus hijas se casaran con un muchacho sin carrera universitaria. Igualan el tener un título con tener buena posición económica.

Conozco a varios jóvenes que han estudiado la carrera equivocada motivados por sus padres. Resultan después profesionales frustrados y amargados. Cuánto mejor es dejar que Dios los guíe y, como padres, ayudarles a escuchar la voz de Dios y a encontrar su voluntad. Juntos, padres e hijo o hija, pueden llegar a saber con firmeza que Dios guiará su vida por el camino escogido para él, haciéndole todo un hombre o una mujer de éxito.

Es cierto que no podía intervenir con mis manos pero sí podía intervenir con el corazón. Aprendí que Dios espera que yo ayude a labrar esa esquina haciendo dos cosas: Debía ser constante en mi oración, enseñándole el consejo de Dios en su Libro, y debía ser ejemplo en mi vida diaria. En otras palabras, debía mostrarle a mi hija con el ejemplo de vida lo que le enseñaba con mis palabras y la Palabra de Dios.

No hay duda que este es el trabajo más difícil para los padres. Podemos hablar, aconsejar, regañar, exhortar, insistir; pero los hijos sólo oyen un treinta y cinco por ciento de lo que decimos. El resto, un sesenta y cinco por ciento, *lo miran*, porque es lo que ponemos en práctica ante ellos. Ese modelo diario es lo que va formando en ellos sus valores, su imagen personal, su lugar en la sociedad y, sobre todo, su relación con Dios.

Nuestros hogares cristianos son llamados a inculcar profundos valores decentes, morales e íntegros en los hijos. Quiero referirme a uno en especial: la unión en el hogar. Se les debe enseñar a los hijos que pertenecen a un grupo que se llama familia. Esa familia la instituyó Dios para que se cuidaran el uno al otro. Me fijé con mucho interés en la formación de valores que mi esposo le dio a nuestro hijo. Cuando pasaban tiempo ellos solos, le enseñó el valor de la mujer. No permitió que nuestro hijo le faltara el respeto a sus hermanas, mucho menos a mí. Se le enseñó a respetar sus cosas, su habitación, sus llamadas telefónicas. Mi esposo le repetía: "Si algún día yo falto, tú eres el hombre. Te encargo a tus hermanas y a tu madre."

Pero hay que tener cuidado de no poner cargas sobre el niño antes que esté listo para llevarlas. Se le enseña y luego se le asegura que el padre no se morirá antes del tiempo que Dios indique, que puede estar tranquilo. Así el niño y el adolescente va creciendo con la imagen correcta de su papel varonil y de lo que es una mujer. En nuestro caso, el resultado ha sido que sus hermanas siempre pueden contar con él. Les sirve siempre en lo que puede. Son muy amigos y nosotros, sus padres, podemos morir tranquilos sabiendo que dejamos atrás tres hijos que se aman, se sirven y se cuidan mutuamente. Creo que esto es lo que Dios tenía en mente cuando instituyó la familia.

Seguramente las madres cristianas estarán de acuerdo conmigo en lo difícil que es aceptar que el cincel de Dios cause dolor. Duele mucho ver sufrir a los hijos. Pero no podemos escapar ese dolor.

Tuve que contestar la pregunta de mi nena: "Mami, ¿cómo hago para que no me duela?" Es difícil para el niño comprender que esto también es resultado del pecado. El plan de Dios para el hombre y la mujer era que vivieran en un mundo libre de dolor físico, emocional y moral. Si nuestros primeros padres hubieran obedecido a Dios y no hubieran escuchado la voz de la serpiente, viviríamos en un mundo donde no nos causaríamos heridas unos a otros.

¿Cómo hacer para que la mente de mi hija preadolescente, inquisitiva y observadora, aceptara la vida con todo su sufrimiento? Tuve que contestar su pregunta diciéndole que la vida misma le enseñaría qué hacer con el dolor. Yo también, como madre, tendría que aprender qué hacer con el dolor por el cual estaba pasando mi hija.

Fue bueno recordar en esta etapa la experiencia que tuve más o menos a esa edad. Un día, llegué llorando a mi casa. Una mala compañera de aula había manchado mi lindo cuaderno. Sobre

las páginas escribió "**PROTESTANTE**". Me dolió mucho. Y
más aún cuando la maestra con quien me quejé, dijo:
— ¿Por qué lloras? Eres protestante, ¿no es cierto? No eres
como nosotros.

No supe qué contestar. Cuando se lo conté a mis padres, me
escucharon con amor. Una tía que escuchó mis quejas, me dijo:
— Esto sólo se resuelve con oración. Si eres cristiana, ve a tu
cuarto y ponte a orar.

Yo obedecí; pero todo lo que me venía a la mente para orar era:
"En paz me acostaré, y asimismo dormiré . . . ." No sabía cómo,
ni qué orar. Mis heridas no sanaron hasta que mi papá, hombre
de Dios muy sabio, me puso sobre sus rodillas (¡yo ya tenía once
años!) y comenzó a cantar:

> Oh, qué amigo nos es Cristo,
> Él llevó nuestro dolor . . .
> Te desprecian tus amigos,
> Cuéntaselo en oración.
> En sus brazos de amor tierno
> Paz tendrá tu corazón.

Los cincelazos de Dios en la vida de los hijos se tratan con
oración y un ejemplo práctico que funcione. Solamente orar, por
orar, no sanará ninguna herida.

Durante todo este proceso, Dios impresionó sobre mi corazón
la promesa que mi esposo y yo le habíamos hecho: que por todos
los hijos que Dios nos diera, oraríamos para que Dios los llamara
al ministerio cristiano. ¡Cómo me costó! Lo que yo no sabía era
que me costaría más conforme pasaran los años.

Mi hija adolescente

Acuérdate que como a barro me diste forma.

Job 10:9

*U*n mes de enero fui invitada por el gobierno de Guatemala a participar en un importante cónclave para maestros de alumnos adolescentes (12 a 16 años). Se celebró en una ciudad llamada Chimaltenango. Los oradores e instructores formábamos una gama de profesionales especializados en diferentes campos, como docencia, psicología y medicina. A mí me dieron el tema: "La adolescencia y sus características". Lo acepté y preparé con entusiasmo ya que por cuarenta años mi ministerio cristiano ha estado centrado en discipular y aconsejar a adolescentes. Algo he aprendido *de ellos* en estos cuarenta años.

La vida de muchos adolescentes está relacionada con pandillas, promiscuidad sexual, niñas-madres y abortos. Pero yo no sabía todo esto cuando mi niña llegó a la adolescencia. A ella ni le pasó por la mente que vivía con una mamá que temblaba de miedo. El día que cumplió doce años le hicimos una cena. Me hizo una lista interminable de gente a quien deseaba invitar, la cual tuve que negociar para limitarla. Esa noche estrenó un vestido de su color favorito: aguamarina. Como ella es nuestra nena navideña, nuestra casa estaba adornada para Navidad y no para su cumpleaños. Casi todos los regalos que recibió venían en papel navideño, menos el nuestro. Yo estaba consciente de que necesitábamos hacerla sentir que no era el cumpleaños de Jesús el que estábamos celebrando sino el de ella.

Cambios físicos, psicológicos y emocionales

Los padres tenemos que entender lo que es la adolescencia. Es la edad que sigue a la pubertad y se caracteriza por una serie de cambios físicos, psicológicos y emocionales. La palabra viene del latín "dolere", doler: padecer de alguna enfermedad. Mi nena, que ya llegaba a los doce años, estaba padeciendo; era adolescente.

Es muy buena práctica para los padres cristianos leer libros sobre la adolescencia. Hay libros muy instructivos, sencillos de entender, que nos pueden ayudar a comprender los cambios que sufren nuestros hijos en esta edad. En estos años el adolescente comienza a sentir la fuerza de su sexualidad. Si no ha vivido en un ambiente promiscuo, el mundo se le abre con nuevas aventuras y siente que su cuerpo principia a reaccionar con excitaciones nunca antes experimentadas. Se vuelve irritable, perezoso, hambriento y temperamental. La niña principia con dolores físicos que nunca ha tenido, sobre todo en sus senos. Se avergüenza de sus senos y tiende a caminar encorvada. Esta es la etapa en que la madre debe poner especial atención a que su niña camine recta, con su espalda enderezada. Debe enseñarle a sentarse bien y a tener siempre una buena postura. Debe hacerla sentir orgullosa de su cuerpo.

El varón, igual que la niña, experimenta cambios muy significativos, no sólo físicos sino también psicológicos y emocionales. Éste se vuelve muy perezoso; todo es carga para él. Tiene que ser muy retado a estudiar, porque pierde fácilmente el interés por el estudio. Pero si algo logra captar su interés, por ejemplo, el deporte, se entrega a él por horas sin pensar en nada más. La figura paterna en esta edad del varón es crucial. Necesita héroes, ejemplos para la vida.

El adolescente observa mucho la conducta de otros varones porque siente animadversión por las mujeres. Como me dijo mi hijo varón un día, cuando contaba con trece años de edad y estaba acostado en mi cama pensando y filosofando: "Mami, me podrías explicar para qué sirven las mujeres."

El varón, como también la jovencita, sienten que de repente despiertan a sensaciones de placer que antes estaban dormidas en su cuerpo. Principian a experimentar con sus genitales. Ya lo han hecho de niños; pero ahora algo es diferente. Además, los amigos les platican de cosas con las que nunca soñaron. De allí la necesidad urgente de que los padres les hablen a sus hijos acerca de los peligros de la masturbación.

La masturbación puede crear adicción en algunos adolescentes, a tal grado que puede dañar su vida sexual por el resto de su vida. He tratado a muchos adolescentes con este problema. El sentimiento de culpabilidad es incontestable. Se sienten atrapados e inútiles para vencer esa tentación. Si son cristianos y escuchan enseñanza bíblica sobre este tema, pueden llevar en su interior un sentimiento no sólo de culpa sino también de derrota. Al enseñar a adolescentes y jóvenes sobre el peligro de la masturbación es sumamente importante hacerlo basado en pasajes bíblicos que enseñen dos cosas: el pecado de esta práctica y la gracia de Dios siempre manifestada en perdón para el pecador.

Otra de las características más notorias de esta edad es el conflicto que experimenta el adolescente entre la timidez (que puede ser muy marcada) y la necesidad de ser distinguido, singularizado. Sin duda, conocemos a adolescentes que hacen las cosas por llamar la atención. En el contexto académico lo he visto cuando los padres reciben una tarjeta de calificaciones con cursos reprobados. No tiene explicación. Su hijito es un muchacho sano, bueno y obediente; no da problemas en la casa y asiste a la iglesia; no se le nota rebeldía y tiene sus horas de estudio. ¿Por qué se presenta tan mal en los estudios? Los padres llegan a la conclusión de que a su hijo le "tienen ojeriza", o como dicen en otros países, "lo llevan mal".

Puedo asegurarles que son poquísimos los maestros que premeditadamente hacen reprobar a un alumno. Lo que sucede es que ese adolescente quiere llamar la atención. Hay que detenerse e investigar qué cosa lo está molestando. ¿Por qué desea que sus padres le pongan atención? Por lo general, no son cosas grandes. Hay adolescentes que todo lo que quieren es que su papá los deje ir a jugar fútbol con sus amigos los fines de semana.

Es admirable la cantidad de argumentos que los adolescentes esgrimen para singularizarse. Los padres debemos tener cuidado cuando se espera la llegada de un nuevo bebé en la familia. El adolescente muchas veces se siente desplazado y tiende a llamar la atención por distintos medios.

Ahora nos tocaba a mi esposo y a mí enfrentarnos a la adolescencia. Para construir una buena estima personal en nuestra adolescente, enfatizamos que su cumpleaños era muy especial para nosotros — ¡y lo era! —, a pesar de estar cansados de las actividades propias de la Navidad. Ese cumpleaños lo recordaré siempre. Para empezar, mi esposo no me ayudó mucho cuando, temprano en la mañana y aún en la cama, me abrazó con gran amor y me dijo:

— ¡Hoy entra en plena adolescencia *mi* nena. ¡Vamos a ver cómo *te* va!

¡Vaya comentario! Yo llevaba varios meses de estar leyendo libros, de tratar de superar mi temor y de orar constantemente por esta nueva etapa. Y ahora mi esposo me salía con: "Vamos a ver cómo te va." Como si fuéramos a ir al circo o a un juego de baloncesto.

— Tengo mucho miedo — le contesté.

Él, tranquilamente, y siendo fiel a su perenne espíritu emprendedor, dijo feliz:

— Yo no. ¡Va a ser una gran aventura!

Y tenía razón. Cuando partimos el pastel y oramos por ella, mi corazón saltaba y decía: "Señor, ¡ayúdame! Nunca he sido mamá de una adolescente. Ahora, ¿qué hago?"

Vivir en una pecera

En estas páginas debo dar crédito completo a Dios. Mi situación era algo compleja, aunque no ajena a miles de madres en el mundo. Yo era esposa de un líder, evangelista, pastor y educador cristiano. Nuestro ministerio de fe estaba creciendo a pasos agigantados y con grandes esfuerzos. Ambos trabajábamos dieciocho de las veinticuatro horas del día, a veces las veinticuatro. Tenía para entonces tres hijos: la primera, adolescente, la segunda, de diez años, y el varón de cuatro años. Mi pobre hija adolescente luchaba por aceptar al pequeño de la familia, que era ¡un verdadero terror! Había heredado toda la hiperactividad del padre y el carácter caprichoso de la madre.

Además, como toda familia en el ministerio, vivíamos en una pecera. A diario nuestros hermanos cristianos se paseaban alrededor de la pecera haciendo comentarios de los pececitos que vivían allí. La pececita de doce años empezó a recibir comentarios adversos: era muy gorda, muy imponente, demasiado pegada a la mamá y, lo que es peor, ¡ya le gustaban los muchachos!

Resulta difícil para nuestros hijos aprender a manejar las críticas de los demás. Lamentablemente, hay muchos hermanos como los de Tesalónica, a quienes el apóstol Pablo reprende porque ". . . andan desordenadamente, no trabajando en nada, sino entreteniéndose en lo ajeno" (2 Tesalonicenses 3:11).

Mi esposo y yo pasamos muchas horas sanando heridas y explicándoles a nuestros hijos que no trabajábamos para los hombres sino para Dios. Íbamos a obedecer su Palabra y Él sería quien nos aprobara o reprobara. Nuestra responsabilidad era agradarle a Él. No fue nada fácil. Vivir en una pecera no es un alegre paseo. Pero como nuestros hijos estaban dedicados a Dios para su servicio, tenían que aprender que eso es parte del ministerio cristiano.

Mi adolescente vivía feliz, creciendo junto a sus padres. Sus mayores problemas eran aceptar sus crisis de la escuela y llevar a cabo con firmeza el plan trazado contra su travieso hermanito a quien le había declarado la guerra.

¿Pero su mamá? Esa era otra historia. Yo me moría de angustia. Con cada alegato entre hermanos yo llegaba a la conclusión de que, como madre, estaba haciendo algo mal. ¿Cómo resultarían estos hijos en el futuro si vivían peleándose? ¿Cómo iban a servir al Señor? ¿Qué clase de ejemplo era mi familia? Constantemente regresaba a mi mente el recuerdo de mi propia madre, que pudo educarnos y formarnos en un hogar de pastor y evangelista itinerante, con cuatro varones y una niña (yo), y que todos resultáramos sirviendo en el ministerio cristiano.

En esta etapa me ayudaron mucho dos cosas. La primera fue que Dios me guió a aprender cómo leer el libro de Proverbios. Desde entonces, he enseñado esto a muchos adolescentes. Este precioso libro de la Biblia tiene treintiún capítulos. Principié a leer un capítulo cada día conforme la fecha del día. El mes que tenía sólo treinta días, leía dos capítulos el día treinta. De esa manera leí Proverbios doce veces ese año. Aprendí de Dios que lo que yo necesitaba era sabiduría. Proverbios es el libro por excelencia que enseña sabiduría. Con mi Biblia en la mano guié a mi adolescente a leerlo. A mi segunda hija le enseñé lo mismo. Con respecto a mi varón de cuatro años, yo estaba segura que ¡ni con Proverbios se compondría!

Cómo aprendíamos mis dos nenas y yo. A veces leíamos juntas, a veces separadas. Tuve que respetar el espíritu independiente de mi hija mayor. Ciertos días estaba muy contenta, otros días la veía deprimida y triste. Yo callaba, esperando de Dios sabiduría.

Otra cosa que me ayudó fue una experiencia que tuve con mi esposo: Un día sábado, llegó a almorzar y me preguntó:

— ¿Qué tal tu mañana?

— Fatal — le contesté —. Todo el día me la paso separando a estos tres que viven peleando. Ya no sé qué hacer. No me siento como mamá, sino como referí en un juego.

Mi lamento no encontró eco, pues me contestó:

— ¿Te consigo un silbato?

¡Vaya ayuda! Pero él tomó el liderato. Llamó a las dos nenas y habló con ellas:

— De ahora en adelante — les dijo —, no quiero que vayan a quejarse más con su mamá la una de la otra, ni tampoco de su hermanito. Antes de dar una queja, tendrán que decir tres cosas buenas de la persona de la que se están quejando.

Mis nenas le escucharon calladas. De repente, la pequeña dijo:

— Pero, papi, nuestro hermanito no tiene nada bueno.

— Todos tenemos algo bueno, Becky — le dijo su papá —. Búscaselo y lo hallarás.

— Pues voy a tener que buscar mucho — dijo Becky.

Eso no duró mucho tiempo. Pronto vino la primera a quejarse. Tuve que obedecer a mi esposo y detenerla antes de escucharla.

— No — le dije —, antes de darme la queja, dime algo bueno de tu hermano.

En una semana la situación cambió en un alto porcentaje. Mi esposo me enseñó con su sabio liderazgo que cuando tengo queja de los que me rodean: esposo, hijos, hermanos en la fe, primero debo ver algo positivo en ellos.

Cuán importante fue esa actitud para mi adolescente. Era necesario que aprendiera a vivir positivamente. Le alimentamos un espíritu triunfalista, sano, humilde y cristocéntrico.

El adolescente tiende a mirar las cosas del punto de vista negativo y absoluto: *nadie* me quiere; *todos* están en mi contra; Dios *nunca* me escucha; *todos* me critican. Con cada expresión, le recordaba a mi hija que nosotros *sí* la amábamos, que Dios *ya* la había oído y le había contestado peticiones de oración.

La dignidad de mujer

Mucha de mi enseñanza como madre tenía que ver con su dignidad de mujer. Fue en esa etapa que Dios me dio sabiduría para enseñarle a comunicar mensajes positivos y a quedarse callada, sin contestar, aun en la peor injuria. ¡Cuánto mal ha hecho la lengua desenfrenada de una mujer! El sabio escritor de Proverbios nos ayudó a entender esto: "El que guarda su boca y su lengua, su alma guarda de angustias" (21:23). El consejo persistente del libro es: "No te entremetas . . . no te entremetas . . . no te entremetas."

Una mujer virtuosa, con valor y dignidad propias, y sobre todo una mujer cristiana, aprende temprano en la vida a guardar su lengua. No contesta a sus padres y no responde mal a sus maestros; aprende a ser sumisa, obediente y callada. El capítulo 31 de Proverbios es muy claro al decir que cuando la mujer abre la boca lo debe hacer "con sabiduría". Cómo quisiera, más y más, que mi boca sólo hablara sabiduría. Y cuánta necesidad veo a mi alrededor de mujeres cristianas que sean sabias en el hablar.

Por supuesto, yo le había dado esta enseñanza a mi hija desde pequeñita; pero a la edad de doce años le dije: "Hijita, cuando tu papá me dice algo que no me gusta, o me corrige, yo permanezco callada. Es parte de mi sabiduría esperar el momento *cuando* debo hablar, *de qué* debo hablarle y *dónde* debo decirle las cosas."

Fue también en esta edad que le enseñé que la sabiduría es conocimiento aplicado. De nada le serviría toda mi enseñanza, y la de su escuela, los libros y aun de la Biblia, si ella no la aplicaba a su vida. Coloqué tarjetas en el espejo de su cuarto, en el baño, en las paredes, sobre el lavador, dondequiera que sus ojos podían posar, para introducir en su mente la Palabra de Dios. En la casa aparecían versículos como: "[Señor,] guarda la puerta de mis labios" (Salmo 141:3) y "Bendeciré a Jehová en todo tiempo, su alabanza estará de contínuo en mi boca" (Salmo 34:1).

Llenamos nuestra casa de música cristiana. Mi esposo nos despertaba tempranito poniéndonos himnos de alabanza. Nos acostumbró a todos a despertar cantando y de buen humor, pues había mucho por lo cual estar felices. Además de tener a Jesús, nos teníamos el uno al otro.

La solidez familiar es importantísima para el adolescente. Los expertos en esta materia dicen que el noventa por ciento de los adolescentes que cometen suicidio son de familias desintegradas. Una unión familiar fuerte le afirma al adolescente que sí le importa a alguien, que existe alguien que lo ama y que se interesa por lo que le sucede. Asimismo, una familia integrada contribuye altamente a su estima personal.

La Biblia también nos habla de esto. El Señor nos asegura que somos hechura suya (Salmo 100:3), creados con el propósito de hacer buenas obras (Efesios 2:10). Pertenecemos a un Padre que tiene gran interés en lo que nos sucede. Dios ha constituido a la familia para ser ejemplo del amor y el cuidado del Padre para sus criaturas. Cuando el hombre o la mujer, siendo padres, descuidan o abdican el lugar y la responsabilidad que Dios les ha dado, el precio que pagan es muy caro. En realidad, el precio que pagan es la vida misma de sus hijos. Es difícil llenar las expectativas de Dios siendo padres cristianos, pero no es imposible. Él ha prometido darnos sabiduría.

Si la madre cristiana desea que sus adolescentes sean felices y se hallen bien ubicados en una sociedad malvada y hostil, necesita darles un verdadero sentido de valor personal a sus hijos. A la familia debe importarle mucho la opinión de estos jovencitos, sus gustos, sus derechos, su individualidad, su personalidad. Esa aceptación y afirmación de parte de los padres les ayudará inmensamente a ubicarse adecuadamente en la sociedad que les espera, no siempre amante y cariñosa.

Comencé a observar los cambios de carácter en mi hija. Noté que a veces sus silencios se extendían por varias horas, que se retraía a su habitación sin explicaciones y que le aburría estar en reuniones con adultos, aunque fuera la familia. También observé que cuando yo le hablaba de algo, después de algunos momentos perdía su atención. Su mente divagaba. Un día llegué a la conclusión de que mi adolescente tenía por dentro una computadora. Si yo no le decía algo que le interesara, ella simplemente oprimía el botón de "apagado" en su computadora interior. Me seguía viendo a los ojos, no se movía de su lugar; pero sólo *oía*. No *escuchaba* ni procesaba.

Eso también sucede mucho en las iglesias. El pastor predica con gran fervor y los jóvenes están allí sentados sin reaccionar. Lo que se dice no es pertinente a sus necesidades ni al mundo en el que viven. Lo comprobé un domingo.

El pastor predicó un buen sermón sobre la maravillosa experiencia de los discípulos en el monte de la transfiguración. De regreso a casa le pregunté a mi adolescente lo que había aprendido. Con gran honestidad me contestó:

— Casi nada. No entiendo lo que tiene que ver el monte de la transfiguración conmigo.

Mi esposo y yo nos miramos. Ambos recordamos un incidente algo reciente con nuestra segunda hijita. Un día, acompañamos a mi esposo a una iglesia donde predicó. Como siempre, la mayor se sentó más separada de mí que sus hermanos. Al varón necesitaba tenerlo cerca, ya puede imaginarse por qué. Becky no me dejaba, así que estaba junto a mí.

Mi esposo predicó un poderoso mensaje. Al terminar, invitó a la congregación a ponerse de pie y considerar pasar al altar para aceptar a Cristo como Salvador. Yo estaba pendiente de ver quién pasaba para ver si podía ir al altar a ayudar a mi esposo a guiar a las personas a Cristo.

Después que varias personas pasaron al frente, mi esposo invitó a la congregación a sentarse. Con voz clara y bien audible escuché a mi pequeña decir: "¡Uf! Qué bueno que se acabó. No le entendí nada."

Por poco me muero de la vergüenza. Pero mi niña hablaba la verdad con su boca de inocencia. De regreso a casa, y sin saber aún lo que había pasado, mi esposo, muy orgulloso, le pregunta:

— Becky, ¿te gustó el mensaje?

— No — contestó —. No entendí nada. Fue bien aburrido.

En ese momento decidí cuidar bien mi comunicación con mis niños, sobre todo con mi adolescente. Era importante tener una comunicación clara y sencilla con ella. Además, tenía que aprender a charlar de las cosas que a ella le interesaban.

Me preocupé en averiguar de qué platicaban las niñas de su edad. Descubrí que hablan de telenovelas, modas, maquillaje y muchachos. Mi niña no era diferente. Estaba recibiendo toda la influencia de ese mundo. Estaba con nosotros menos horas de las que estaba en su "sociedad", en el "mundo". Las demás horas las pasaba dormida en su cama.

Con gran razón el Señor Jesús encomienda a su Padre a los que han creído en Él. Es muy interesante notar que Jesús, en la oración de Juan 17, nos enseña a orar por nuestros adolescentes. En ese pasaje el Señor encomienda a su Padre a los que han creído en Él. Mi adolescente ya había creído en Él. Por lo tanto, como madre, podía orar tomando esta oración como modelo.

Aquí el Señor hace referencia al "mundo" de cuatro diferentes maneras:

1. Los discípulos son *del* mundo, de donde Él los llama para hacerlos suyos (v. 6). Fue fácil para mi entender este concepto. Mi hija era del mundo; había nacido en él.

2. En el versículo 11, dice que sus seguidores, aunque han salido del mundo para ser ciudadanos de su Reino, están *en* el mundo. El Señor ruega a su Padre por ellos, para que allí en el mundo donde están, sean guardados en su nombre. Con todo mi corazón rogué a mi Dios que la guardara en su nombre, en el entorno donde estaba viviendo, estudiando, jugando y creciendo.

3. Un poco más adelante, en el versículo 14, Jesús califica a los suyos diciendo que aunque están *en* el mundo, *no son* del mundo. Hace la comparación diciéndole a su Padre que aunque Él mismo estaba en el mundo no era del mundo. Así tuve que recordarle yo al Señor que mi adolescente estaba *en* el mundo pero *no era* del mundo. Una y otra vez le suplicaba que Él la protegiera de los constantes peligros que la acechaban y de los ataques de su enemigo el diablo.

4. Jesús ora por los suyos (y entre ellos por mi adolescente), al enviarlos *al* mundo como testigos de su amor y su poder.

Esta era una cuádruple verdad divina que yo necesitaba aprender. Lo que le comunicaba a mi adolescente debía tener tanta solidez, para que pudiera contrarrestar las influencias anticristianas que ella estaba recibiendo día a día.

La televisión

Desde el primer día que entró la televisión a casa, mi esposo señaló bien claro que el botón lo manejábamos él o yo. Puse como regla inquebrantable que *nadie* tenía permiso de ver telenovelas, principiando por mí. Por desgracia, muchos de los adolescentes, especialmente las mujeres latinas, reciben su formación de valores a través de las telenovelas. La madre cristiana simplemente carece de la disciplina personal de no verlas, por lo cual no puede prohibírselas a sus hijas. Con la ayuda de Dios, decidí no dejar que la televisión formara a mis hijos, ya sea a través de telenovelas o cualquier otro programa que les pudiera influenciar negativamente.

Mi disciplina tenía que ser preventiva, no sólo prohibitiva. Mi esposo ha establecido las reglas y yo tengo que ver que se cumplan. Donde no hay esposo por ausencia física o "jurídica", o donde el esposo no quiere "legislar", poner leyes ni imponer orden, la esposa tiene que hacerlo y ejercer la autoridad.

Pasados los años he visto el beneficioso resultado de este reglamento. Nuestros tres hijos son ávidos lectores. Eso ha influenciado sus vidas a ser mejores profesionales, mejores ciudadanos y mejores cristianos.

Con gran satisfacción he visto cómo nuestra segunda hija, Becky, y su esposo han manejado el asunto de la televisión, incluso el popular servicio de televisión por cable, poniéndoles a sus hijos un estricto horario para su entretenimiento televisivo.

La música y la literatura

Para los trece años de edad mi adolescente había desarrollado un gran amor por la música romántica. Como madre, tuve problema en esa etapa, porque yo misma soy muy romántica. Me emociona una luna llena, un bolero, una guitarra. Lo traigo en la sangre y creo que si no hubiera conocido a Cristo, fácilmente hubiera sido cantante de música romántica.

Me eduqué en una cultura con mucha música romántica, de antaño, clásica y de concierto, y con mucho amor por los instrumentos musicales y su belleza. No sin razón nuestro hijo resultó ser un inspirado compositor de muchos himnos y un músico que ejecuta bien muchos instrumentos, incluso los más modernos y complejos de manufactura electrónica.

Tuve que buscar la sabiduría de Dios para poner todo esto en perspectiva en la vida de nuestra hija. En esos tiempos era muy famoso un cantante español y mi hija se "enamoró" de él. Soñaba con escucharlo, pedía verlo en televisión y quería comprar sus discos. Analizamos su canto y su música y no vimos nada malo en ellos. Si ella estudiaba y cumplía con sus deberes académicos, juntas nos sentábamos a escucharlo. Muchas veces, al atardecer, juntas cocinábamos o bordábamos y poníamos un disco del cantante. Ese fue buen entrenamiento para nosotros como padres y nos preparó el camino para enfrentar esta situación con nuestros otros hijos.

Al analizar la música que algunos hermanos piadosos designaban como "mundana", consideré que era mejor supervisarlos y escucharla con ellos a que nos opusiéramos, los regañáramos o los limitáramos a escuchar la radio cristiana o a sólo escuchar música clásica.

Cada vez que podíamos los llevábamos a ver zarzuelas y ballet. También íbamos a conciertos de la orquesta sinfónica o de corales visitantes y recibían clases de piano. Así fueron aprendiendo a apreciar los valores clásicos musicales del mundo en que vivimos.

Dios ha creado un mundo bello. Es una lástima que nosotros, sus hijos, lo hemos ensuciado tanto. A nuestros hijos y jóvenes de las iglesias debemos exponerlos a leer y apreciar literatura y música. Es un deleite poder leer los grandes clásicos de la literatura. Jorge Isaacs con su gran *María*; los hermosos poemas de Amado Nervo y Rubén Darío; Pablo Neruda con su famoso *Nocturno*; *El progreso del peregrino* de Juan Bunyan; *En sus pasos* por Charles Sheldon; *El Quijote de la Mancha* por Miguel de Cervantes Saavedra; *Romeo y Julieta* de Shakespeare; y la bella historia *Mujercitas* por Luisa M. Alcott.

Juntos leímos varios autores latinoamericanos, como los que han recibido el premio Nobel: Gabriel García Márquez (colombiano); Gabriela Mistral (chilena); Miguel Ángel Asturias (guatemalteco). En nuestro hogar tenemos una biblioteca con más de tres mil libros cristianos, seculares y clásicos. Cuando nuestros hijos eran niños les regalamos la colección de *El tesoro de la juventud* (doce tomos) y *El libro de oro de los niños* (ocho tomos). Lo gozaron mucho.

Cuando nuestra Becky tenía unos catorce años, asistió a una clase de Biblia que yo impartía. A todos mis alumnos les exigí que leyeran *El secreto de la vida cristiana feliz* por Hannah Whitehall. Un día, Becky entró corriendo a la cocina donde yo estaba ocupada en mis quehaceres y me dijo:

— Mami, ¿por qué nunca me habías dado a leer este libro? Es fantástico. Está contestando muchas preguntas espirituales que tengo.

Cuando nuestro hijo varón cursaba su tercer año de estudios secundarios reprobó la materia de mecanografía. Él no tenía ningún interés de aprender todo acerca de una máquina de escribir. Ya había leído que se avecinaba la muerte segura de la máquina de escribir para dar paso a la computadora. Su padre y yo pedimos sabiduría a Dios para aplicarle un castigo formativo. Se me ocurrió pedirle que se sentara a la máquina y copiara todo el libro *Cómo ganar amigos e influir sobre las personas* de Dale Carnegie. Ganamos tres cosas con este castigo: (1) Tuvo que sentarse y estar quieto dos horas al día copiando el libro; (2) aprendió a manejar la máquina de escribir y ahora maneja cualquier computadora a la perfección; y (3) aprendió cómo relacionarse mejor con las personas. Aún hoy, después de diecisiete años, me reclama (en broma) y me agradece tal castigo.

El asunto de la música lo tratamos casi de la misma manera. Les enseñamos a nuestros hijos a ser exigentes en sus gustos musicales. ¡Cuánto mejor es llenar el hogar de música buena: cristiana, clásica, romántica, en lugar de gritos, odios y rencores!

Creo que el "enamoramiento" por el cantante español le duró a mi hija un poco más de un año. Para su cumpleaños, su padre le regaló una serie de discos de su cantante favorito. Yo, como madre, la observaba, y cuidaba muy bien que hubiera un equilibrio. Ya para esta fecha, por supuesto, ella tenía el hábito de la lectura diaria de la Palabra de Dios. Con todo fervor yo oraba y velaba para que la Palabra hiciera más diferencia en la vida de mi niña que cualquier cantante famoso.

A esta edad, los adolescentes — sobre todo las mujercitas — tienen derecho de tener su "enamoramiento". Lo que hay que hacer es encauzarlo bien, no burlarse de eso; llevarles en algo la corriente, esperar y orar. Pronto se les pasa.

Por otro lado, mis hijos estaban muy ocupados. Tenían muchas actividades en el colegio cristiano; mucho que estudiar, muchos amigos con quienes jugar. Nuestra casa estaba siempre llena de ruido, de jóvenes, de música y de libros. (¡Y nuestra refrigeradora sin comida!) Poco tiempo les quedaba para ver televisión y yo cuidaba que fuera poco el tiempo de "no hacer nada". "Una mente vacía es taller de Satanás" es un adagio antiguo muy apropiado para los tiempos modernos.

A los trece años de edad le sucedieron a mi adolescente dos cosas de mucha influencia. Una maestra del colegio nos pidió permiso para llevarla como confidente a un campamento. Ella nunca había salido de nuestra casa de noche. Mi esposo prohibía que sus niñas durmieran en otras casas. A la nuestra sí llegaban a dormir muchas amiguitas cristianas. Pero en este campamento ella pasaría una semana fuera, aconsejando y cuidando niños, y enseñando la Palabra de Dios. Todo parecía muy bonito hasta que supimos dónde iba a ser el campamento. Sería en una cárcel para niños delincuentes, llamada "Ciudad de los niños".

Allí había varones de ocho a dieciséis años de edad. Unos habían matado a sus padres, otros habían matado a algún compañero; los más estaban allí por robos, asaltos con arma y conducta delincuente. Mi dulce y preciosa nena, en quien yo había puesto mucho esmero en formar, orientar y educar, ahora iba a vivir una semana con asesinos mal hablados. ¿Qué peligros iría a correr? La pudieran violar, herir o hasta . . . matar.

Una madrugada, Dios me recordó mi promesa. Yo le había prometido darle a mis hijos; pero no para ese ambiente. Además, ella estaba muy pequeña. Dios me insistió. Mi esposo estaba seguro que debía ir; pero a mí se me partía el corazón. Ella nos pidió que oráramos que Dios le concediera ganar a algunos para Cristo.

— Tal vez — dijo —, esta será su única oportunidad de oír acerca de Jesús, pues algunos ya están condenados a muerte por sus maldades.

Fuimos a conocer el lugar. No era el paraíso, por supuesto; pero vi que los guardias eran amables. Los "internos" parecían más tranquilos de lo que yo me había imaginado. Además, daban puertas abiertas para predicar el evangelio. Con lágrimas, arrodillada, le dije a Dios: "Te la doy. Por favor, te la encargo. Protégela y guárdala; confírmale en su corazón el deseo de servirte. Y si tú la llamas a servir a leprosos, a iletrados o a asesinos, estaré contenta porque es tuya."

Tuve que cortarle el cabello por temor a los piojos. Le puse en su equipaje cremas y lociones, y su padre le hizo prometernos que nos llamaría todos los días.

El día que salió con el equipo de trabajo, Dios me dijo: "¡Esa no es entrega absoluta! Si me la das, me la das. Yo cuidaré de ella. Yo sé lo que estoy haciendo."

Pasaron dos días, luego tres, y ni una llamada, ni una noticia. Mi esposo y yo decidimos entregarla a Dios *de veras y por completo*. El fin de semana fuimos a recogerla, llevando un gran pastel para todos. La encontramos limpia, sin piojos, feliz y muy cansada. Con gran felicidad nos presentó a dos adolescentes que ella solita había guiado a Cristo.

Desde el primer día de su regreso vimos un cambio en ella. Ya no exigía ni suplicaba cuando no tenía las cosas que quería. Un día les comentó a sus hermanos:

— ¡Miren, nosotros tenemos muchísimo! Aquellos niños no tienen nada. Hasta pena me da comer la comida que mi mami nos prepara cuando ellos no pasan de frijoles y arroz.

¡Qué buena lección!

La otra experiencia fue que mi esposo aceptó por ella la invitación de visitar a unos familiares cristianos en los Estados Unidos. Él no me lo preguntó, sino me informó. Aquí la cosa cambiaba. Ella se iría del seno del hogar por varias semanas y yo no podría ir a verla. Cómo me costó ver ese avión despegar. Otra vez pensé: *Seguro que la he perdido para siempre.*

Creo que el momento en que el avión aterrizó, se olvidó que tenía padres. Estuvo feliz, aprendió bien otro idioma, tomó sus decisiones y administró su dinero.

— Te valió enseñarme — me comentó a su regreso —. Ahora ya sé que puedo vivir sola.

¡A los trece años!

En esta época pasé otra etapa difícil. En la adolescencia de mis dos nenas me tocó vivir la primera época de la minifalda. Otra vez acudí a Proverbios en busca de sabiduría. Noté que mi segunda hija salía de la casa con su uniforme escolar de buen largo, pero en el jardín de la casa y durante el trayecto a su colegio se subía la falda, por la cintura, hasta alcanzar a mostrar sus lindas piernas con una minifalda.

La pecera en que vivíamos demandaba que yo hiciera algo en cuanto a esta situación. Los pastores y los líderes predicaban en contra de tal costumbre entre las jóvenes cristianas. Yo pedía desesperadamente a Dios que me iluminara para saber cómo solucionar el asunto, sin crear conflicto en mis hijas.

Una mañana, el Señor me dirigió. Vi salir a mi segunda hija y la llamé:

— Becky — le dije —, tú eres cristiana, ¿verdad?

Me miró extrañada y dijo:

— Por supuesto, mami. Tú sabes que sí.

— ¿Es el Señor Rey de tu vida? ¿Deseas hacer las cosas que a Él le agradan?

— Sí, mami; pero apúrate a hablarme porque tengo clases.

— Bien, hija — le dije —, antes de salir al colegio vas a ir a tu cuarto y le vas a preguntar a tu Señor si lo honras a Él cuando usas minifalda. Si a Él le agrada, tu papá y yo estaremos de acuerdo.

Yo sabía que estaba esgrimiendo una espada de dos filos. ¿Qué iba a hacer si ella me decía: "Ya le pregunté y dijo que sí"?

Como niña obediente, entró a su habitación y yo entré a la mía. Me puse de rodillas y le pedí al Señor que hablara a su corazón. Escuché cuando se abrió la puerta de su cuarto y ella salió. El Espíritu Santo me detuvo de preguntarle: "¿Qué te dijo Dios?"

Su carita mostraba señales de lágrimas. Yo la despedí con un beso, sin preguntarle nada. Ese era un asunto entre Dios y ella. Yo no tenía por qué meterme. Ella necesitaba aprender a tomar sus decisiones conforme Dios la guiaba.

No tuvimos que tener confrontaciones, regaños, sermones ni pleitos. Dios les enseñó lo que una mujer cristiana debe hacer ante las presiones de las modas de la sociedad: obedecer a su

Dios. Esta niña ahora es una misionera que Dios está usando como madre y esposa para enseñar a otras jovencitas y a su propia hija la sabiduría de la Palabra de Dios. Asimismo, les enseña lo que ella como jovencita aprendió: ¿Qué haría Jesús en mi lugar?

Capítulo seis

Mi quinceañera

Acuérdate de tu Creador en los días de tu juventud.

Eclesiastés 12:1

Señor, ¿qué pudiera yo darte
Por tanta bondad para mí?
¿Me basta servirte y amarte?
¿Es todo entregarme yo a ti?
Entonces acepta mi vida
Que a ti sólo queda rendida.
Pues yo soy feliz, pues yo soy feliz por ti.

Vicente Mendoza

*L*a invitación era elegante y a la vez que sencilla. Con una linda redacción, nosotros, los padres de la quinceañera, invitábamos a amigos, familiares y hermanos en Cristo a dar gracias al Señor por la preciosa vida de nuestra hija. Había llegado la fecha de sus quince años, ocasión muy celebrada en nuestro pueblo latinoamericano. Mi esposo cada día me pedía que revisara bien la fecha. Él aseguraba que se la habíamos adelantado. No era posible que *su nena* ya estaba cumpliendo quince años.

Todo el hogar estaba feliz. Nuestra hija escogió poner en sus invitaciones la estrofa de un amado himno tradicional de la familia: "Jesús es mi Rey soberano".

Este himno tiene mucho significado para mi vida. El reverendo Vicente Mendoza era un reconocido pastor, maestro, escritor e himnólogo mexicano. Cuando yo era tan pequeña que ni siquiera podía pronunciar bien las palabras, el hermano Mendoza visitaba mucho a mi padre, quien también era pastor.

Una mañana, mientras mi mamá preparaba el desayuno, el hermano Vicente se mecía en la mecedora de mi papá. Yo caminaba por allí arrastrando mi muñeca de juguete cuando su bella voz, cantando una melodía, llamó mi atención.

Me llamó a la mecedora, y mientras me sentaba en sus piernas, me dijo:

— A ver, siéntate aquí. Escucha esto, lo escribí esta mañana. Mis oídos de niña fueron los primeros que escucharon la tercera estrofa de esta majestuosa declaración de amor que hoy, aun cuando los himnos "clásicos" no son valorados, es entonada en todo el continente americano.

¿Quién iba a decirme esa mañana, que "Jesús es mi Rey soberano" sería el himno favorito de mi esposo y que mi hija lo escogería como declaración personal al celebrar sus quince años? Platicamos seriamente sobre lo que pasaría en el servicio. Si ella públicamente haría votos de servicio a su Dios, su corazón debería ser íntegro y sincero al hacerlo. Esto no sería un espectáculo sino habría de ser un testimonio público de nuestra gratitud a Dios y de la entrega de su vida a Dios y a su servicio.

Una noche, más o menos dos años antes, nos había dicho que necesitaba platicar con nosotros. Eso era muy común con cualquiera de nuestros hijos y con gozo les escuchábamos, dejando toda distracción a un lado. Nuestra niña nos expresó con emoción que al orar el día anterior, sin duda, había escuchado la voz de Dios pidiéndole su vida para el ministerio cristiano. Yo hice lo que sé hacer mejor. ¡Me puse a llorar!

Ante mis ojos veía la primera contestación a nuestra oración. Su padre, muy gozoso, le hizo ver la seriedad de esto. Ya no tendría derechos; la prioridad de su vida sería cumplir la voluntad absoluta de Jesús, y todas las esferas de su vida estarían bajo el control y la mano de su Señor y Rey.

Ella lo entendió. Hablamos juntos de todos los aspectos de su vida: su preparación académica, su vida romántica y sexual, sus ambiciones económicas y su testimonio público. Fueron momentos de gozo, llanto y consagración. Para nosotros, sus padres, fueron días de profunda gratitud a nuestro Dios por haber contestado nuestras oraciones.

Dios nos indicó que teníamos que persistir en ser un ejemplo ante ella de una vida de fe como también de persistencia y fidelidad en el servicio al Señor. A esta edad ya la incluíamos en las decisiones y hasta le comentábamos algunos problemas serios del ministerio. Siempre lo hacíamos con el afán de enseñarle que el ministerio cristiano no es "un lecho de rosas", sino un camino de negación personal y de llevar cada día la cruz de Jesús. Dios espera que seamos fieles en ese camino no importando lo que encontremos.

Juntas estudiamos el pasaje de la prueba del discipulado, en Lucas 9:23-24. Ella ya había escuchado varios mensajes sobre esto; pero era necesario que pensara en el pasaje, aplicándolo a su vida y experiencia. Tendría que entender algunas de las implicaciones de estos versículos. Por ejemplo, negar su deseo de casarse: ¿estaría dispuesta a quedarse soltera por obediencia a su Señor? Sus deseos de permanecer en su país: tenía que considerar que Dios podía enviarla a un país lejano. Su gran deseo de ser maestra: tal vez Dios quería que sirviera en otra capacidad en el ministerio cristiano.

Su pregunta era: "Cómo voy a saberlo?"

Le expliqué que Dios en ese momento no se lo iba a decir. Él tenía un plan bien definido para su vida. Lo que a Él le interesaba era saber si ella estaba disponible. A su tiempo, su Señor la iba a ir dirigiendo paso a paso.

— ¿Estás disponible, hijita? — le preguntó su padre.

— Sí, papi, estoy disponible para lo que Dios quiera para mí — respondió.

— Entonces — le dije —, memoriza el Salmo 32:8.

Abrió su Biblia y los tres lo repetimos juntos: "Te haré entender, y te enseñaré el camino en que debes andar; sobre ti fijaré mis ojos."

Quiero dejar plasmada en estas páginas la gratitud más profunda, sincera y genuina de nuestros corazones hacia Dios. No digo esto para gloriarme en nuestra labor de padres. Lo escribo con gran libertad y humildad porque, sinceramente, nosotros no tuvimos mucho que ver en todo este asunto.

Con nuestros otros dos hijos tuvimos la misma experiencia. A su tiempo vinieron a anunciarnos que Dios les había llamado al ministerio cristiano. Es imposible seguir escribiendo sin darle a Dios toda la gloria que Él se merece. Nosotros sólo estuvimos disponibles para ser sus instrumentos y proveerle de obreros para la mies.

Al llegar a sus quince años, nuestra hija sabía de la pasión de nuestro corazón. Por un lado, su padre, que ya le había inculcado a ella y a nuestros otros dos hijos el ardor incontenible de su corazón: el evangelismo. Por otro lado, su madre, quien la discipulaba en la Palabra, le dejó sentir la pasión de su vida: el discipulado y el entrenamiento de líderes.

Pero no todo era fácil. Las mamás de quinceañeras podrán identificarse conmigo. ¡Qué lucha para escoger el vestido, los zapatos y el peinado! Nuestra niña era sencilla; pero su problema era decidirse por uno o por otro. La segunda hija observaba todos los preparativos y en esos días decidió nunca cumplir quince años. ¡Nunca!

Pasamos largas tardes platicando, comparando, evaluando, soñando y . . . decidiendo y decidiendo. Yo quería respetar todas sus decisiones y sus gustos porque, después de todo, era su cumpleaños y su fiesta, y no el mío. Pero, ¡qué paciencia tuve que tener!

Un día, decidió que mejor no hiciéramos nada . . . ¡con todas las invitaciones repartidas! La regañé. Lloró el resto del día y decidió que todo saldría muy mal. En la noche, abrazada de su padre, le contó que la que quería la fiesta era yo. El hermanito no ayudaba en nada, pues alegaba todo el día que las mujeres sólo piensan en los quince años y eso no sirve para nada. ¡Aquello era un circo!

Esto es muy común en todos los hogares. Esas diferencias y las discusiones se dan no sólo porque se celebra una fiesta de quince años, sino porque somos humanos y vivimos muy cerca uno del otro. Pero, sobre todo, porque el adolescente desea hacer notar sus derechos. El hogar de un pastor no es diferente. A menudo teníamos conflictos los unos con los otros.

Cierto día, nuestra segunda hija dijo:

— Los únicos que aquí nunca discuten son mi papi y mi mami.

Yo miré sonriendo a mi esposo y él me lanzó una mirada significativa, como diciendo: "¡Si supieran!"

Para beneficio de nuestro matrimonio y de todos, constantemente repetíamos Gálatas 5:22-23.

> *Mas el fruto del Espíritu es amor, gozo, paz, pacien-*
> *cia, benignidad, bondad, fe, mansedumbre, templan-*
> *za; contra tales cosas no hay ley.*

Comprobé que lo que más necesita la madre de una quinceañera es el fruto de paciencia. Se lo pedía a Dios a cada instante.
Pero Él ya lo había prometido en su Palabra. El Espíritu Santo,
viviendo en mí, me proveyó de paciencia cuando más la necesitaba.

Cómo manejar el enojo

A nuestros hijos les recordábamos que teníamos que ser
cristianos sinceros, no sólo aparentar un cristianismo en público. Debíamos, sobre todo, cumplir con lo que es más difícil: ser
ejemplos del carácter de Cristo en el hogar. Los pleitos de
hermanos o de los hijos con los padres son discusiones que deben
ser positivas y no hirientes. Además, mi esposo nos enseñó que
si uno estaba molesto o enojado con otro (por ejemplo, conmigo)
debía expresar su enojo a la persona y no a todos los demás. Al
hermano, la hermana, el papá, la abuelita y hasta el perro. Los
demás no tenían por qué pagar por el enojo que estaba dirigido
a otro miembro de la familia.

Es muy sano que los hogares cristianos establezcan políticas
de cómo manejar el enojo. El sentimiento de enojo puede resultar
muy positivo si se maneja de manera adecuada. El niño y el
adolescente deben aprender cómo expresar su enojo. En primer
lugar deben evitar el grito. No entiendo por qué hay familias que
se gritan. No veo la razón por qué. Nadie está sordo. El grito
provoca ira, y la ira es muy dañina.

Muchas veces el enojo viene debido a la frustración que el niño
siente por tener que ceder sus derechos. Lo que quiere es hacer
su voluntad. Será de mucho provecho enseñarle que no siempre
va a poder hacerlo. Cuando esté en el mundo, interactuando con
otras personas, va a tener que ceder en muchas cosas.

Otra buena lección es aprender a expresar el enojo ante la
persona con palabras decentes, sencillas, entendibles y sanas.
No hay necesidad de culpar a la persona, diciendo: "Eres tan
egoísta que no me quisiste prestar tu blusa." Es muy distinto

expresar: "Estoy enojada contigo porque no me quisiste prestar tu blusa." No hay necesidad de juzgar su carácter.

El hijo que aprende estas y otras simples reglas de comunicación será un adulto que podrá interaccionar con otros, sobre todo al formar su hogar.

Muy a menudo, al final del día, al orar con mis hijos, les recordaba que, además de Dios, no tenemos a nadie más en la tierra que nosotros mismos. Nos debemos amar, aceptar y respetar, y nunca debemos amargarnos el uno con el otro.

Fueron muchas las veces que mi esposo y yo llegamos con humildad a pedirles perdón a uno o a los tres hijos. Les decíamos que nunca habíamos sido padres, que estábamos aprendiendo. A menudo repetíamos Efesios 4:32.

> *Antes sed benignos unos con otros, misericordiosos, perdonándonos unos a otros, como Dios también os perdonó a vosotros en Cristo.*

En una ocasión tuve un conflicto (entre muchos) con nuestro hijo varón. Exasperada, me senté con él y, después de pedirle perdón, le expliqué que yo había pensado que ser mamá de un varón era lo mismo que ser mamá de mujercitas; pero me había llevado la gran sorpresa. ¡Era diferente y yo estaba aprendiendo! Le pedí que me tuviera paciencia y me ayudara a aprender.

Aquel niño, de siete años, con voz llena de "experiencia" me contestó:

— No te preocupes, mami. Yo te voy a enseñar.

Así, poco a poco, fui aprendiendo a ser mamá.

Una lección en paciencia

Ahora me encontraba con mi quinceañera, con la que tenía que aprender a tener gran paciencia, a otro nivel y en circunstancias nunca antes experimentadas.

Uno de los conflictos que tuvimos era la insistencia de algunos miembros de nuestro círculo de amistades y de nuestros familiares que deseaban una gran fiesta, en un hotel, con orquesta y baile. No comprendían cómo era posible que la primera nieta de la familia no tuviera lo que ellos pensaban que era importante. Comenzaron a presionar . . . ¡insistentemente!

Esta fue la ocasión de oro para probar las convicciones de nuestra hija. Por quince años había oído que si crees en algo, o en alguien, debes ser leal a esa convicción. Muy a menudo repetíamos que somos cristianos evangélicos en todas partes, no sólo en la iglesia y en el colegio. Además, que era necesario aprender a pagar un precio por ser distinguidos como discípulos de Cristo.

Sin que la presionáramos, ella se mantuvo firme. Con voz segura anunció a la familia:

— El que no quiera venir, que no venga a mi reunión; pero allí se honrará al Señor. Será una fiesta cristiana.

Alguien me susurró al oído: "Esto es el fruto de quince años de siembra." Sí, quince años de siembra con mucha paciencia.

Yo sólo agradecí en silencio a mi Dios. Él estaba contestando en público lo que como padres le habíamos pedido en secreto.

Tras muchos años de trabajar con adolescentes he llegado a admirarles mucho, pues pueden ser muy fuertes en sus convicciones. Cuando se les da una razón para creer en Cristo y un motivo para reflejar su belleza, pueden ser inamovibles en sus convicciones. Cuando no se les reta a llevar una vida de firmes convicciones, llegan a ser adultos que no son ni una cosa ni la otra. No son naranjada ni limonada, ¡sólo agua azucarada!

La fiesta de cumpleaños

El festín transcurrió sin mayores problemas. El servicio fue muy inspirador y solemne. Nuestra quinceañera pidió que en su culto de quince años se cantara el himno "Entera consagración".

> Que mi vida entera esté
> Consagrada a ti, Señor.
> Que mis labios al hablar,
> Hablen sólo de tu amor.

> Lávame en tu sangre Salvador.
> Límpiame de toda mi maldad.
> Traigo a ti mi vida, para ser, Señor,
> Tuya por la eternidad.

Cuando nuestra segunda hijita cumplió sus quince años también fue entonado este himno.

Muchos de los amigos de ambas estuvieron en una reunión juvenil y alegre que celebramos en nuestra casa después del servicio. Estaban tan felices que no se fueron hasta muy tarde en la noche. Varios padres de los amigos llegaron, comentando que no se necesita de licor ni estímulos externos para estar alegres.

Una confesión íntima

Antes de cumplir los dieciséis años, mi quinceañera, con voz trémula, me confió que un muchacho le había pedido que fuera su novia. Desde los doce años de edad yo les hablaba a mis hijas del noviazgo como algo natural y hermoso, y desde pequeñitas les había repetido que yo era su mejor amiga. Ahora se me presentaba la oportunidad de poner a prueba mi enseñanza.

Reaccioné haciendo honor a mi naturaleza romántica: "¡Qué alegre! ¡Qué bueno! ¿Quién es?"

El chico era compañero de colegio aunque no estaba en la misma clase. Gozábamos de la gran bendición de que nuestras hijas asistieran a un buen colegio cristiano evangélico. La predicación y la enseñanza de la Palabra era sólida y la recibían a diario, con énfasis en los problemas que presentan la adolescencia y la juventud. Ellas crecían conociendo del peligro de las caricias libres en el noviazgo, del riesgo de caer en el vicio de la masturbación o de un embarazo prematuro. En nuestro hogar esos temas eran discutidos muy a menudo con bases bíblicas y pensamientos positivos. Tenía que preguntarle a mi hija si el pretendiente era cristiano. Hacía tiempo que mi esposo, entre otras reglas del hogar, había declarado que todos los amigos y las amigas de las niñas tenían que ser cristianos.

La pregunta no se había hecho esperar:

— Pero, papi, ¿por qué todos tienen que ser cristianos?

— Porque de ese grupo es muy probable que Dios te escoja el marido con el que vas a pasar el resto de tu vida — explicó mi esposo —. No les daré ninguna oportunidad de conocer chicos inconversos para que no caigan en la tentación de enamorarse de uno de ellos.

Así que nuestra casa siempre estaba llena de amigos cristianos y dentro de ese grupo apareció alguien que quedó prendado de los bellos ojos verdes de mi quinceañera.

Después de mi reacción, vino la siguiente pregunta:

— Además de mí, ¿quién lo sabe?

Con la mayor naturalidad, ella me contestó:

— Antes de contártelo a ti, se lo conté al Señor.

— ¿Y qué te dijo? — le pregunté.

— Pues nada; no ha dicho nada. Cuando menos no siento reacción de parte de Él.

Le pedí permiso para comentarlo con su padre. Noté la fuerte influencia de sus compañeras: el miedo.

— No estoy segura, mami. ¿Se enojará? ¿Me regañará?

Dejé lo que estaba haciendo en ese momento porque comprendí cuán importante era esto para su vida. Con seriedad, le pregunté:

— Conociendo a tu papá, ¿cuál crees que va a ser su reacción?"

— Me va a aconsejar. Pero . . . tal vez no me dé permiso.

Yo estaba más emocionada que ella. ¡Mi nena iba a tener su primer novio!

— ¿Por qué no tratamos? — le propuse.

Al acercarse nuestros hijos a la época del romance y los noviazgos, principiará a manifestarse en ellos el concepto del amor y del matrimonio que han ido heredando de su entorno social y en especial de sus padres, quienes a su vez lo heredaron de sus padres. Por eso, muchos papás recelan a sus hijas y no quieren que tengan novio. Ellos recuerdan la vida pícara de su padre o de su abuelo, y temen que su linda hijita se enamore de uno de esos que sólo son "picaflores" y la engañen y la lastimen.

Es más, ese padre puede estar reflejando su vida de joven, en que enamoraba a chicas por montón, algunas de las cuales, en su inocencia, le permitían caricias que sólo pertenecen al matrimonio. Los padres cristianos debemos hacerle sentir al adolescente que todo tiene su tiempo. ". . . tiempo de abrazar . . . tiempo de amar" (Eclesiastés 3:5,8). Cada adolescente es diferente y requiere de cierta madurez para ser novia.

Mi hija estuvo de acuerdo en contarle a su papá su dilema. Esa noche, cuando sus hermanitos ya dormían, nos acercamos a su papá. Él estaba tranquilo, leyendo el periódico. Le hablamos de nuestra plática de ese día. Tomó a nuestra quinceañera en sus brazos, le acarició la cabeza y le aseguró que había hecho las cosas bien: decirnos todo a nosotros. Éramos las personas que más la amábamos. Nunca le íbamos a mentir; nuestro consejo siempre sería guiado por Dios. Era necesario que Dios estuviera en todo.

Cómo saber la voluntad de Dios

Al escuchar que ella no sentía dirección de Dios, mi esposo me miró y dijo:

— Ha llegado la hora en que esta niña aprenda cómo saber la voluntad de Dios.

Con paciencia, y durante varios días, le enseñé cómo Dios nos revela su voluntad a través de siete pasos muy claros. Ha sido nuestro privilegio enseñarles estas verdades a nuestros tres hijos y, además, a cientos de adolescentes a quienes hemos discipulado. Creemos que si un adolescente ha recibido a Cristo como Señor y Salvador, y su vida está siendo modelada a la imagen de Cristo, estará listo para poner en práctica estos principios no sólo en su vida romántica y prematrimonial sino en todas las circunstancias que confronte, incluso al escoger su vocación y profesión.

La vida cristiana no es un caminar sin sentido en un mar de eventualidades incontrolables. Descubrir la voluntad de Dios no es una casualidad, es el resultado de una comunión continua. El cristiano puede tener guía y orientación en las decisiones de la vida. Pero eso conlleva responsabilidad. No es una colección de ideas. Son pasos marcados claramente en la Palabra de Dios. El Señor nos revela su voluntad mediante:

1. *Las circunstancias:* Génesis 45:5-8 (circunstancias providenciales en la vida de José); Romanos 8:28.
2. *Los consejeros:* Éxodo 18:13-26; 1 Reyes 12:6-14 (hay buenos y malos consejeros); Salmo 119:63; Proverbios 11:14; 15:22; 24:6.
3. *El sentido común:* 1 Reyes 3:9; Salmos 32:8; 119:66; Santiago 1:17; 4:17.
4. *La paz interior:* Salmo 119:165; Isaías 26:3,12; Filipenses 4:6-7.
5. *La Palabra de Dios:* Salmos 37:31; 119:9,11,105,130; Proverbios 3:5-6.

6. *La oración:* Juan 15:7; 16:24; 1 Tesalonicenses 5:17; 1 Juan 5:14-15.

7. *Por el Espíritu Santo:* Romanos 8:14-15,26.

Para entender la voluntad clara y sencilla del Señor hay que poner un fundamento: confiar en que Jesús es nuestro Salvador y reconocerlo como Señor de nuestra vida. Esos dos pasos ya estaban dados en la vida de nuestra hijita; ella ahora tenía que buscar la aprobación o desaprobación de su Señor en esta decisión.

Cualquiera diría que estábamos construyendo un gran argumento de algo muy sencillo: un noviecito, jovencito, sin seriedad, con quien ni siquiera se iba a casar. Pero nuestra experiencia con adolescentes nos sirvió mucho. Habíamos observado noviazgos entre chicos de dieciséis y diecisiete años que parecían inocentes y pasajeros. De repente, resultaban enamorándose tanto que se volvían inseparables. Descuidaban sus estudios, ya no querían pasear o tener relación con su familia y algunos, tristemente, terminaban en historias trágicas con embarazos prematuros y daños irreparables.

Nos propusimos cubrir todos los aspectos imaginables de posibles consecuencias funestas. Siempre he creído en la medicina preventiva y ahora me sirvió de mucho en estas circunstancias. Para entonces estaba aprendiendo a ser madre de dos nenas, hijas de los mismos padres, criadas en el mismo hogar, pero completamente diferentes. Yo pensaba que si salía bien con la primera, la segunda naturalmente me sería más fácil educar. Siendo que nunca había sido mamá, nadie me advirtió que yo tenía en mis manos a dos hermanas muy cercanas en edad, pero diferentes en todo. Nuestra segunda hija nos presentaba un reto distinto. Desde sus trece años principió a abrir sus ojitos a unos seres grandes, guapos y con pantalones que se llamaban muchachos y a los que podía enredar en sus deditos con hablarles un poco y coquetearles.

La etapa del teléfono

Principió para nosotros la etapa del teléfono. He llegado a la conclusión de que la razón porqué Adán y Eva pudieron vivir juntos era que no tenían teléfono. El chico de mi quinceañera quería hablar con ella cada quince o veinte minutos, sólo para oírla respirar. Los chicos de mi adolescente, de trece años de edad, la buscaban con la excusa de preguntarle alguna lección o la contestación a algún problema. Esta segunda niña era alumna brillante, obtenía las mejores notas del colegio. Su excusa era que *muchos* compañeros la llamaban para consultas. Mi esposo llamaba a la casa y la línea permanecía ocupada. Los consiervos en el ministerio y las organizaciones cristianas se quejaban de que era imposible hablar con mi esposo porque su teléfono siempre estaba ocupado.

— Ponga otra línea, hermano — le pedían.

Una noche, mi esposo me habló seriamente:

— Tenemos que hacer algo — dijo.

Yo le miré con ojos inocentes y le sugerí que él hiciera algo. Mi deber como mamá era ser monitora de todos estos pretendientes que de repente se habían multiplicado.

— No estás orgulloso de tener hijas tan bonitas? — le pregunté.

— Bueno, sí. Tengo que admitir que me halaga que pretendan a mis hijas, porque si no lo hicieran, significaría que son muy feas. Pero, ¿no pueden pretenderlas en persona en lugar de hacerlo por teléfono?

Así que tuvimos un cónclave familiar, incluyendo a nuestro hijo varón, quien jugaba con un soldadito mientras mi esposo hablaba. Para él, esto era aburridísimo. Le dije que pusiera atención a lo que su padre decía y me contestó:

— ¿Por qué tengo que poner atención? Sólo un loco puede querer hablarle a una de mis hermanas. ¿Qué tanto hablan?

Una de ellas, muy sabiamente, le dijo:

— Ya te veré dentro de ocho años.

Fueron palabras proféticas, porque desde los doce años aprendió bien cómo manejar, descomponer y componer un aparato telefónico. Cuando tenía trece años, a la casa entraban tres líneas telefónicas y teníamos cuatro aparatos que él componía cuando había necesidad. Para entonces, afortunadamente, mis hijas habían pasado a otra etapa.

Mientras tanto, respetando las órdenes establecidas por mi esposo, nos propusimos todos a obedecerlas. Durante las horas de estudio, en las tardes, era prohibido recibir llamadas telefónicas; pero el teléfono de todos modos sonaba y había que contestarlo. Me gradué además de cocinera, enfermera, consejera y portera, también de ¡operadora telefónica!

Experiencia de un noviazgo

La experiencia de cierto noviazgo en la vida de mi hija y en la mía fue muy singular. Por alguna razón a mí no me gustaba el muchacho. Lo conocía bien, era muy respetuoso y cristiano, nunca mostró algo indebido; pero simplemente no me gustaba. Lo platiqué con mi esposo y él me dijo:

— Cuidado que la niña llegue a saber eso. Ora con ella y sigamos pidiéndole a Dios su dirección. Ella tiene que aprender a descubrir la voluntad de Dios.

A diario, y muchas veces con lágrimas, me acercaba al Señor en lo secreto de mi habitación para orar por esto. Aun así, no tenía paz. Además, no tenía argumento alguno para hablar con mi hija al respecto. Me sentía confundida y sin seguridad de la dirección de Dios. Cuidaba a mi niña quinceañera, la observaba y la veía enamorada. Afortunadamente, ella nunca objetaba estar separada de él. En tiempo de exámenes no podía verlo durante la semana, y ella aceptaba eso de muy buena gana. Yo pensaba que se debía a su carácter siempre sumiso y obediente, y con todo mi corazón le pedía al Señor que la dirigiera. De nuevo, aprendí a no meter mis manos.

Un día, sorpresivamente, la niña nos anunció que había terminado con ese chico. Me quedé sorprendida y, de inmediato, quise saber por qué. Con palabras claras nos explicó:

— Recuerdan que anoche fuimos a oír predicar a su buen amigo cubano. Cuando terminó el servicio y el predicador se acercó a saludarnos, le preguntó a mi novio cuántos años tenía. Él, muy tranquilo, le contestó que veinte. Él no tiene veinte años sino diecisiete. En ese momento me di cuenta que no debía seguir con él. Esta mañana le hablé y le dije que no me interesa ser novia de un cristiano que miente con tanta facilidad.

Ni mi esposo ni yo hicimos comentario alguno. Respetamos su decisión. Pero días después me la llevé a tomar un cafecito y juntas platicamos del asunto. La felicité por ser una señorita de convicciones bien seguras. Para ella no había problema. Estaba triste pero tenía la convicción de que Dios le había ordenado que terminara.

— Además — me aseguró —, tengo muy presente lo que tú y mi papi me han enseñado, que nunca sacrifique lo permanente en el altar de lo inmediato. Todavía tengo muchos años por delante.

Agradecida regresé a mi lugar de oración. ¡Cuán fiel es mi Padre celestial! Con gratitud lo adoré y bendije su nombre. Yo había orado en el nombre de Jesús y mi Padre me había contestado.

Dios hace mejor las cosas

Una y otra vez he probado este principio: *Dios habla mejor de lo que yo puedo hacerlo.* Cuando deseaba que mi esposo cambiara en algún aspecto o que uno de mis hijos transformara alguna de sus actitudes o acciones, en lugar de confrontarlos, le pedía a Dios que Él hablara. Muchas cosas he logrado con poner a prueba este principio. Ahora que ya me encuentro en la época de ser suegra, he logrado mucho con mis yernos y mi nuera. Sin necesidad de provocar alguna reacción negativa, observo, callo y oro. Le suplico a Dios que Él sea quien les hable. Si el Señor ve que tengo razón en lo que estoy pidiendo, Él interviene y la situación comienza a cambiar.

Nos ahorraríamos muchas lágrimas y desacuerdos en la familia si usáramos este método más seguido. Recientemente lo puse a prueba de nuevo con una persona muy clave en nuestro ministerio. Me parecía que su actitud estaba equivocada. Imploré a Dios su intervención y en tres semanas las cosas cambiaron. Esa persona ni sabe que yo estuve orando. Una vez más comprobé que Dios hace las cosas mejor que yo.

Fue durante esta época que Dios me habló al corazón de forma especial. Su cincel estaba listo para pulir cosas de mi vida y mi personalidad. Al observar a mi quinceañera, vi algunas cosas que no me gustaban. Descubrí que eran particularidades similares a mi carácter. ¿De quién las había aprendido? Me avergoncé mucho al tener que reconocer que las había aprendido de mí. Dediqué bastante tiempo a leer algunos libros sobre la vida cristiana profunda, como *Con Cristo en la escuela de la oración* por Andrés Murray, así como otro de sus hermosos libros: *Los mejores secretos de Dios*.

Mi constante oración era: "Señor, siento que mi niña se me va. Está entrando a su juventud muy rápidamente. Ya va a terminar su educación secundaria y después saldrá a la universidad. No quiero que se lleve mis malos hábitos y reacciones. Ayúdala a entender mis debilidades y limitaciones. Que sea como tú y nunca como yo."

Comprendí que Dios no iba a romper las leyes de la genética. Pero el Señor me enseñó que si mi hija iba a ser como Él, ella tenía que ver a Jesús en mí. Oí su voz diciéndome: "¿Por qué no oras que *tú* llegues a ser como Cristo, no solamente tu hija?" Me senté y escribí una lista de mis debilidades. ¡Eran muchas!

Leí varios libros que me fueron muy provechosos en cuanto a mi comportamiento personal en diferentes aspectos de mi vida. Poco a poco fui aprendiendo el valor de conocer y analizar mis pensamientos y dejar que Cristo controlara mi mente, según el principio que se enseña en Gálatas 2:20: ". . . ya no vivo yo, mas vive Cristo en mí."

Cristo vive en mí

Fue de inspiración y bendición el pasaje de Gálatas aquí mencionado. Lo estudié, lo memoricé y lo medité mucho, y preparé varios estudios bíblicos para enseñarlo. Entre más lo enseñaba, mejor lo entendía. Si Cristo vive en mí, mis reacciones, mis acciones, mis pensamientos y toda mi vida es la de Él. Creo que este es uno de los conceptos más profundos e importantes que podemos darles a nuestros adolescentes y jóvenes. Si Cristo vive en mí, voy a hacer las cosas como Él las haría. Paso de ser "evangélico" a ser un cristiano verdadero, un discípulo comprometido con Cristo.

Una noche sentí que debía hablar de esto con mis dos niñas. Les dije lo inútil que me sentía como madre; me faltaba mucha sabiduría y con facilidad me irritaba. Ninguna de las dos respondió hasta que llegamos al momento de oración. Ellas oraron por mí. Juntas lloramos y oramos que Dios nos hiciera a las tres como Cristo. Cual agua fresca mi corazón recibió la ministración dulce y certera de dos jovencitas que estaban principiando a caminar con el Señor.

Muchas madres gozarían más la alegría que los hijos pueden proporcionar si tan sólo compartieran lo espiritual tanto como lo físico, emocional y mental.

Fue en esta época que mi esposo y yo enfrentamos uno de los problemas más serios en nuestro ministerio. La lucha fue recia e inmisericorde, y duró varios meses. Por más que tratamos de hacerlo, fue imposible ocultarlo de nuestros hijos. Ellos se daban cuenta de casi todo. Una noche, después de nuestro culto familiar y cuando mi esposo y yo suponíamos que nuestros tres hijos dormían, oímos ruidos y la puerta de nuestra habitación se abrió. Eran nuestras dos nenas. Paraditas al pie de nuestra cama nos hablaron.

— Hemos venido a decirles que sabemos acerca de las luchas por las cuales están pasando — dijeron —. Aunque ustedes no nos han querido decir nada, nosotras nos hemos dado cuenta. Queremos que nos den la oportunidad de orar con ustedes.

¡Qué gran bendición fue para nuestro herido corazón! Poco a poco Dios iba cincelando en el corazón de nuestras adolescentes el don de la empatía con el sufrimiento de los demás. Sus vidas serían una linda historia de servicio, ayuda y consejería para el pueblo de Dios. Noté que durante esos días ellas se esmeraban en quitarme cargas. Cuando yo llegaba a la casa, ya estaba lista la comida, la mesa puesta. Su cuarto permaneció arreglado y trataban de pelear menos con su hermanito. Lo sacaban a caminar y le ayudaban en sus tareas escolares. Sin hablar mucho, mis hijitas fueron consuelo para mí.

Cierta mañana, encontré sobre mi tocador una tarjetita con un versículo que fue el que me sostuvo durante toda esta lucha cruel: "Tú guardarás en completa paz a aquel cuyo pensamiento en ti persevera; porque en ti ha confiado" (Isaías 26:3). ¿Podría yo pedir más bendición de Dios que tener en mi hogar hijos que se preocuparan por mi bien espiritual?

Recordé, entonces, que muy a menudo mi oración era: "Señor, haz a mis hijos sensibles a la voz de tu Espíritu y sensibles al sufrimiento de los demás." Hay muchos cristianos que no ponen atención cuando los demás sufren. Mientras no les suceda a ellos, que cada quien salga como pueda. Yo quería que mis hijos

aprendieran a llorar con los que lloran y que fueran personas
serviciales cuando los demás estaban atravesando por aflicción.
Hasta en este proyecto de la escritura de este libro mis hijos
han sido de gran estímulo. Me escriben notitas y faxes alentán-
dome. He visto que mis oraciones han sido contestadas. Cada
vez que alguno en nuestra familia tiene un proyecto especial de
servicio al reino de Dios y al prójimo todos tratamos de cooperar
ayudando en lo posible.

Las amigas de mis hijas

Otra cosa que aprendí es cuán importante es cuidar las amigas
de mis hijas. Muchas madres son muy cuidadosas de *los amigos*
de sus hijas. Dios me enseñó a tener más cuidado de sus amigas
que de sus amigos. Pareciera que esto no tiene sentido; pero
descubrí que mi hija platicaba con las amigas cosas que nunca
soñaría conversar con sus amigos varones. Además, las amigas
la influenciaban a ver telenovelas, a leer revistas populares
donde ella podría aprender cómo conseguir o quitar novios, cómo
vengarse si alguna compañera le hacía algún daño, y hasta cosas
de promiscuidad sexual y ocultismo.

Me puse muy alerta. Principié a ver sus cuadernos, aunque
casi siempre lo hacía para revisar sus tareas; pero ahora con gran
curiosidad "maternal", para detectar notas fuera de lo académico. Allí no encontré nada.

Un día, limpiando el cuarto de las niñas, encontré una de
"esas" revistas. Me preocupó mucho y decidí confrontar a mi hija
mayor con el asunto. Debo aclarar que desde pequeñitos nuestros hijos aprendieron a respetarse el uno al otro. Para enseñarles esto yo respetaba mucho sus pertenencias. Nunca entraba a
su habitación sin tocar; no revisaba libros, cuadernos o gavetas
sin su permiso; no escuchaba en la extensión sus conversaciones
telefónicas; no abría sus cartas. Así que cuando revisaba sus
libros o cuadernos, ellos lo sabían. El día que descubrí la revista
inmediatamente me senté con ella a platicar del asunto.

Mi hija no entendía qué había de malo. Le expliqué que había
artículos sobre cómo quitarle la novia a la amiga, cómo obtener
mayor exitación sexual, qué hacer en la luna de miel, cómo
maquillarse (no sólo la cara sino ciertas partes del cuerpo), cómo
coquetear o escribir cartas de amor.

— ¿Crees que Cristo está feliz de que tú leas esto? — le pregunté —. ¿Es Señor de tu vida? ¿Lo estás honrando al invertir tiempo en meter estas cosas en tu mente? No me contestes, piénsalo.

Al preguntarle quién le había dado esa revista, me dio el nombre de una amiga, la hija de un pastor evangélico.

— Mami — me dijo —, todos en su casa leen esta clase de revistas.

No me atreví a juzgar ni criticar a ese pastor. Él es un siervo de Dios que merece todo mi respeto. Eso es entre él y su Dios. Pero en mi hogar no iba a entrar basura satánica. Se lo expliqué muy claramente a mi hija y le dije que tenía prohibido leer tales revistas, así como tenía prohibido ver telenovelas y mantener la clase de amistades que dicen creer una cosa y practican otra.

A veces los padres cristianos se descuidan de las amistades de sus hijos. No porque son hijos de líderes o pastores o buenos evangélicos los hijos son iguales. Hay que cuidar las "zorras pequeñas que echan a perder las viñas" (Cantares 2:15).

No tuve problemas con su obediencia, pero en oración Dios me enseñó que yo debía estar alerta a las amigas de mis hijas. Redoblé mi oración por mis hijas para que llegaran a comprender la influencia que a su edad pueden tener las amigas y la manera en que Dios puede guiarlas a escoger lo mejor en amistades.

Sin menospreciar a nadie, poco a poco fui separando a mi adolescente de aquellas amigas que yo pensaba que eran de influencia negativa. No hice gran drama del asunto, pero en oración le pedía a Dios sabiduría y seguía orando por la santidad y la pureza para la mente de mi hija.

Una tarde platiqué largo rato con mis dos hijas sobre la diferencia entre lo vulgar y lo obsceno. Volví sobre la carga acerca de la dignidad que como mujeres debemos tener. Cuán importante es no desvalorizarnos permitiendo que se digan delante de nosotras palabras vulgares o chistes en doble sentido. Leímos juntas: "Ninguna palabra corrompida salga de vuestra boca . . ." (Efesios 4:29) y "Sea vuestra palabra siempre con gracia . . ." (Colosenses 4:6).

Una de ellas me preguntó:

— Entonces, ¿por qué mis compañeros evangélicos dicen tan malas palabras? Algunos hasta delante de sus papás, y ellos no les dicen nada.

Ha sido ley nuestra como padres nunca juzgar ni criticar con nuestros hijos las acciones de otros, así que tuve buen cuidado al contestar:

— Hijita, pueden ser dos cosas. Tal vez no han leído estas órdenes divinas en las Escrituras o son descuidados. Se criaron hablando así y no se han cuidado de cambiar su vocabulario.

El jefe del hogar, padre de familia, debe tener buen cuidado de su vocabulario, sobre todo si tiene hijas mujeres. Mi esposo ha sido un ejemplo digno de esto. Jamás hemos escuchado una palabra ni una frase indigna de su boca. Nunca le hemos oído decir: "Así son todas las mujeres" o "Al fin, mujer . . ." Él nos ha tratado con mucho respeto a mí y a mis hijas, como a vaso más frágil. Eso nos ha hecho sentirnos mujeres apreciadas, aceptadas y honradas.

Estoy convencida que esa era la opinión de Cristo acerca de la mujer. En ninguna parte de las Escrituras se ve a Cristo menospreciando a la mujer. Él dio un verdadero ejemplo de respeto y dignidad. Si mi valor personal me lo da Dios mismo al haber dado su vida por mí, Él espera que yo valore tanto mi femineidad que todos a mi alrededor sepan que se me debe respetar, usando un vocabulario digno de mí y de mi Dios.

Uno de los problemas de una de mis hijas fue que las compañeras le decían que se creía de la "gran sociedad". Mi actitud fue firme. Le hice ver que no éramos más ni menos que los demás. Dios nos ha hecho a todos iguales. Lo importante es que seamos discípulos de Cristo y eso *sí* nos hace diferentes. Los mandamientos de Dios están en nuestra frente, en los postes de nuestra casa y en las puertas (véase Deuteronomio 6:9). Tenemos que pagar un precio por seguir a Cristo y ser diferentes en este mundo.

Nadar contra la corriente

A mis hijas les costó mucho "nadar contra la corriente". Para los adolescentes nadar contra la corriente es muy doloroso. Ellos desean ser aceptados por todo el grupo. La presión de amigos y compañeros es muy fuerte. De nuevo, la Palabra de Dios vino en mi auxilio y juntas memorizamos dos pasajes de las Escrituras.

Habéis, pues, de serme santos, porque yo Jehová soy santo, y os he apartado de los pueblos para que seáis míos.

Levítico 20:26

Mas vosotros sois linaje escogido, real sacerdocio, nación santa, pueblo adquirido por Dios, para que anunciéis las virtudes de aquel que os llamó de las tinieblas a su luz admirable.

1 Pedro 2:9

Tenemos que aceptar que Dios desea que seamos distintos, diferentes. Se debe notar que pertenecemos a Él. Somos un pueblo que costó la sangre de Cristo y nuestra responsabilidad es que otros vean la diferencia entre los que pertenecen a Cristo y los que sirven a Satanás.

Le doy gracias al Señor por organizaciones cristianas donde mis hijas encontraron buenos amigos cristianos y comprometidos con el Señor: su colegio evangélico, la Cruzada Estudiantil para Cristo, Juventud Para Cristo, el Grupo Evangélico Universitario y otros.

Fue una etapa difícil, pero mis adolescentes aprendieron a escoger amigas, no por la iglesia a la cual asistían, sino por el testimonio que daban entre el grupo. Observé que aprendieron a ser iguales que las amigas cristianas, no menospreciando a nadie. No se avergonzaban de ser diferentes a las jovencitas que no conocían a Cristo, no porque eran mejores, sino porque su dignidad de mujer cristiana y su calidad de seguidora de Jesús lo requería.

Como madre aprendí también que cada detalle, hasta el más pequeño, le interesa a Dios. Él puede dar sabiduría para expresar las lecciones que desea les comuniquemos a nuestros hijos. Aprendí a respetar el silencio, el llanto y las emociones de mis hijas. Aprendí a respetar sus decisiones, sus deseos y la terminación de su primer noviazgo. Aprendí a mantener siempre una buena comunicación con ellas y a establecer ciertos límites o guías de comportamiento. Sobre todo, aprendí a no presionarlas, sino dejar que el tiempo de Dios hiciera en ellas la obra formativa de su vida interior.

Capítulo siete

Nuestra hija
Bellita

> *Te haré entender, y te enseñaré el camino en que debes*
> *andar; sobre ti fijaré mis ojos.*
>
> Salmo 32:8

*E*ra la noche de graduación. Nuestra hija mayor estaba midiéndose de nuevo su toga y birrete. Mi esposo daba los últimos toques a su discurso oficial como fundador del colegio evangélico de donde esa noche nuestra "señorita" recibiría su título de maestra de educación primaria urbana y también su diploma de maestra de educación cristiana.

Yo me sentía de veras feliz. En un país donde sólo el ocho por ciento de la población juvenil logra graduarse de educación media su triunfo académico significaba aún más para nosotros. Estaba muy consciente de que se lo debíamos a Dios. Él había hecho posible la felicidad de esa noche.

En nuestro hogar, desde el punto de vista académico, ha habido de todo. Nuestra hija mayor fue una buena estudiante; pero no brillante. Le costaba mucho estudiar algunas materias, por ejemplo matemáticas y química. Sus fuertes eran literatura, idiomas y estudios sociales. Sin embargo, era dedicada y obtenía, en general, muy buenos promedios en sus calificaciones finales.

Nuestra segunda hija siempre fue brillante. Sus calificaciones eran extraordinarias y muchas veces la exoneraban de los exámenes porque sus calificaciones sobrepasaban a lo distinguido. Al graduarse en magisterio urbano y en educación cristiana recibió los máximos honores.

Ser maestro o maestra sigue siendo una honrosa y bienaventurada profesión. Martín Lutero decía que las dos más grandes vocaciones son el ser pastor y el ser maestro. Jesús fue maestro. Los levitas eran los maestros de Israel. Gabriela Mistral, receptora del premio nobel, fue una ilustre "maestra de aldea". Casi todos los reformadores fueron maestros, como Lutero mismo y

Juan Calvino. La historia de la expansión misionera y evangeli-
zadora está llena de maestros, sobre todo mujeres maestras.

En su graduación, mi corazón apenas podía contener el gozo
de que mis dos hijas completaran sus estudios como maestras,
igual que su Señor, el Maestro de maestros. Más aún me regoci-
jaba porque también habían decidido estudiar el especial currí-
culum paralelo del Instituto Evangélico "América Latina". Fue
un estudio vigoroso, cansado y demandante; pero ha sido muy
provechoso para sus años en el ministerio cristiano.

La profesión de maestro en nuestros países latinos es mal
remunerada. Con gran tristeza he visto que muchos padres no
quieren que sus hijos se preparen en tal carrera porque no habrá
suficiente dinero. Esta actitud es causa de gran frustración para
los jóvenes que tienen una verdadera vocación de maestros.

Nuestro varón no fue muy dedicado a los estudios. Él hacía
las tareas escolares diarias porque se le obligaba. No veía la
necesidad de estar sentado en un pupitre cuando afuera había
cosas muy interesantes que observar, por ejemplo una araña
tejiendo su tela. Él mundo se le presentaba lleno de cosas bellas
e interesantes y los maestros lo aburrían. Todo lo cuestionaba y
quería y exigía explicación de todo: las leyes, los reglamentos, la
historia. Volvía locos a sus maestros, y a sus padres también.

Estas características no representan su cociente intelectual.
Muchos padres creen que sus hijos reciben muy altas calificaciones debido a que tienen un cociente intelectual muy alto. Esta
puede ser *una* de las razones. Pero hay individuos cuyas calificaciones escolares no son buenas y, sin embargo, son poseedores
de alta inteligencia.

En cuanto a inteligencia yo no me preocupaba mucho. Ya
habíamos comprobado que nuestros hijos eran normales. Me
interesaba más que pudieran funcionar como seres humanos de
éxito en lo que emprendieran, con valores morales y culturales
bien encauzados, y por supuesto, con vidas cristianas victoriosas.

Nuestros hijos daban muestras de tener una inteligencia
razonable. Cuando discutían, generalmente sus argumentos
eran bien formulados y defendidos. De su abuelo paterno, que
fue abogado, heredaron ser legalistas y gustar el discutir, sobre
todo el varón. Como padres nunca les presionamos a sacar altas

notas pero sí que aprobaran sus clases y que hicieran el mayor esfuerzo posible en el estudio. El resultado fue satisfactorio.

Habíamos decidido poner más interés a otras cosas de su vida. Se les exigía ser buenos y serviciales con sus compañeros, asistir regularmente a la iglesia y comportarse bien en los cultos a la vez que desarrollaban su personalidad integralmente. Ellos sabían que deseábamos que estudiaran y se prepararan bien en lo académico. Deseábamos proveerles de la mejor educación profesional posible, y Dios nos seguía ayudando en ese anhelo. No porque iban a ser misioneras o pastor íbamos a dejar a un lado su preparación intelectual. Al contrario, vivíamos en el hogar un ambiente académico. Su padre tiene dos maestrías y un doctorado. Y ellos veían cómo me ha servido a mí mi doble preparación universitaria y bíblica. Hoy más que nunca el mundo evangélico necesita de gente preparada. Continuamente su padre les repetía: "Dios siempre tiene un lugar preparado para una persona preparada."

Teníamos que respetar los anhelos personales y la vocación individual de cada uno de nuestros hijos. Hemos sido testigos de padres que son muy exigentes en lo académico que dañan la vida de algún hijo, sobre todo si comparan a un hijo con otro. En nuestros hijos no todo estaba a su favor: eran hijos del fundador y director de la institución donde estudiaban. Las exigencias de los maestros y las expectativas de los alumnos y el personal eran una fuerte carga. Como siempre, tuvimos que acudir al Señor. Había personas que nos decían que ellos no deberían estudiar en ese colegio evangélico porque eran hijos del fundador. Pero nosotros nos habíamos trazado metas para nuestros hijos y no veíamos otra alternativa de estudio en un ambiente evangélico. Además, y sobre todo, estábamos seguros que hacíamos la voluntad de Dios. Tuvimos que enfrentar juntos las tormentas.

Le daba gracias a Dios por haber pasado mucho tiempo enseñando a nuestros hijos cuán importante es para el cristiano conocer la voluntad de Dios y seguirla paso a paso, cueste lo que cueste. Hubo muchas ocasiones en que, entre lágrimas de dolor, tuve que decirle a alguno de mis hijos: "Vamos a aguantar esta crítica, o este menosprecio; recuerda que tienes un precio que pagar por seguir y servir a Cristo."

Varias cosas ayudaron a nuestros hijos a vencer estas situaciones difíciles:

La primera fue que mi esposo y yo *nunca* hablábamos de problemas del colegio, o de la iglesia o de la obra del Señor delante de nuestros hijos. Si había algún problema o disgusto con algún maestro, ellos jamás lo supieron (y ¡hubo muchos!). Siempre alabábamos a sus maestros en el hogar, sin tomar en cuenta lo que nos hubieran hecho. El resultado fue que ellos llegaban al colegio con un corazón sin rencor ni odio. Les inculcamos respeto y amor por sus maestros. Igualmente, siempre hablábamos positivamente de los siervos de Dios. Si algún pastor cometía faltas, procurábamos que lo supieran por otras bocas y no por las nuestras.

Aprendí eso de mis padres. En nuestro hogar jamás se hablaba de problemas con los hermanos. Si mis padres recibían un mal pago, una crítica, un problema, no lo supimos de labios de ellos. Nuestro corazón amaba a los hermanos y los líderes de la congregación, sin siquiera imaginarnos que estaban dañando a nuestros padres.

He conocido el hogar de muchos pastores a través de mi labor como consejera. Por medio de los hijos me he dado cuenta de que los padres comentan en casa los problemas que tienen con la congregación. Cuando es así, los hijos principian a tener resentimiento y hasta odio contra los hermanos causantes del problema. El resultado es que los hijos no quieren tener nada que ver con el ministerio cristiano argumentando que en el ministerio se sufre mucho. Mi respuesta es que Cristo no prometió que el discípulo y el obrero no sufriría; también se sufre siendo médico, albañil, enfermera, y aun político.

La segunda cosa que nos ayudó fue el haberles construido desde pequeñitos a nuestros hijos una buena y sólida imagen de sí mismos. Ellos saben quiénes son, saben por qué Dios les ha permitido vivir en el mundo y creen en sí mismos. Muchas veces les repetía: "Dios no hace gente ni cosas buenas para nada . . . ni yo tampoco."

Nuestros hijos son individuos normales, con defectos, habilidades, talentos, limitaciones, deseos, anhelos, sueños y esperanzas. Para que tengan en mente que son como cualquier otra persona sobre la tierra, les repetía: "Vales igual que los demás, ni más ni menos. Recuerda siempre que tienes derechos pero también responsabilidades." Este panorama sano y equilibrado de sus vidas les ayudó mucho en su etapa juvenil como alegres estudiantes.

Otra de las cosas importantes que les ayudaron fue el hecho que, como padres, *nunca* les pedimos que tuvieran una conducta intachable porque eran hijos de "fulano de tal", conocido educador, pastor y evangelista. Les hicimos mucho énfasis que debían portarse bien no por el apellido que llevaban sino porque eran hijos del Rey de los cielos y que Él espera que sus hijos tengan una conducta digna.

Vez tras vez les repetía que el respeto que ellos demostraban por la posición de liderato de su padre tenía que ser resultado de su amor y su admiración por él. "Sus padres —les insistía—, no son perfectos ni intachables. Hemos cometido muchos errores. El que nunca se equivoca es Dios." Uno debe enseñarles a los hijos que ellos deben vivir representando bien a Dios, deseando siempre hacer su voluntad. Así no se equivocarán en la vida y las cosas les saldrán bien.

Maestra de vocación

Así fueron transcurriendo los años de juventud y formación académica de nuestros hijos. La noche de graduación de nuestra Bellita estábamos satisfechos porque ella había escogido su carrera y nos parecía la más apropiada para ella. Ya se había notado claramente que era maestra de vocación y, sin duda, esa preparación le serviría en el lugar adonde Dios la llamara a servirle. Ya había dado señales de estar pensando en dedicar su vida al ministerio cristiano. Dios le había provisto de oportunidades en la iglesia y en el colegio evangélico donde estudiaba para enseñar y discipular grupos de jovencitas. Me agradaba mucho ver que usaba sus habilidades y sus estudios con seriedad en las oportunidades en que era llamada a servir. No en vano, además de graduarse como maestra de educación primaria también recibía su diploma como maestra de educación cristiana.

El presidente de la Promoción que esa noche se graduaba, era un joven alto, guapo, muy culto y buen deportista. Unos meses antes ese joven había expresado ante nosotros, sus maestros y mentores espirituales, su deseo de servir a Dios de tiempo completo. Con gran gozo lo habíamos guiado a él y a otros de sus compañeros en los pasos de conocer la voluntad de Dios para su vida.

En esa época, él no se había fijado que una linda chica con ojos verdes, traviesa y llena de risa lo miraba con admiración. No creo que Bellita estaba enamorada de él; simplemente la personalidad del muchacho era fuerte y su liderato era positivo. Daba muestras de ser un alumno estudioso y alegre, lo mismo que un cristiano consagrado al Señor. Por esas virtudes, ella lo admiraba. Eran muy buenos amigos; pero con el correr de los meses, en el último año del bachillerato de Guillermo, pasaron a ser novios, con permiso nuestro. Pero esa noche ninguno de estos dos jóvenes sabía a dónde los dirigía Dios después de su graduación.

Mi esposo había platicado seriamente con nuestra hija respecto a estudiar después de su graduación en una universidad cristiana en los Estados Unidos. Oramos mucho. Tocamos puertas y solicitamos becas; pero nada sucedió. Yo le preguntaba a Dios lo que pasaba; pero Él no me contestaba. Nuestra señorita, ya formal y madura, no objetaba nada. Su vida giraba en esos momentos en la felicidad de haberse graduado y su romance con el joven de su elección. Desde un principio visualicé que ese romance podía terminar en un compromiso serio y, poco a poco, se lo hice ver.

¡Ella se reía! Sin embargo, me comentó un día:

— Mami, parece que tienes ojos en la espalda. ¿Cómo sabes las cosas?

— El corazón de una madre cristiana raras veces se equivoca, hijita — le contesté.

La noche de la graduación estaba alegre y feliz. Nos sentíamos muy orgullosos de ella. Recibiría varios honores y era grande nuestra gratitud a Dios porque, a pesar de haber sufrido ella varias enfermedades, algunas serias, el Señor nos concedía la dicha de verla graduarse.

Yo temía por su futuro. Me preguntaba una y otra vez si había hecho todo lo posible por formarla en todas las esferas de su vida y si estaría lista para salir del hogar y vivir sola en el extranjero.

Mi esperanza continua era que se cumpliera en ella la promesa de los versículos que su clase había escogido como su lema y que aparecían impresos en sus invitaciones y en los programas.

> *Fíate de Jehová de todo tu corazón, y no te apoyes en tu propia prudencia. Reconócelo en todos tus caminos, y él enderezará tus veredas.*
>
> Proverbios 3:5-6

Fue una noche inolvidable para ella y para nosotros. Gozamos aún más cuando después de una cena especial abrimos los regalos. Sus hermanos bromeaban con ella escogiendo regalos para sí mismos, pues estaban seguros que se marcharía al extranjero por varios años. Yo miraba sus grandes y risueños ojos verdes y me preguntaba: "¿Cuánto tiempo más la tendré conmigo?"

Comprobé que el ser madre cristiana no me había quitado los temores. No sentía egoísmo queriéndola tener siempre a mi lado porque comprendía que algún día tenía que irse. Lo que yo no quería era que la vida la tratara mal. ¿Qué pasaría si se equivocaba de carrera universitaria o si se arrepentía de la promesa hecha a Dios? ¿Qué sería de ella si escogía como esposo al hombre equivocado?

Mis noches estaban llenas de ansiedad. Estoy segura que Dios pensaba que se me había olvidado todo lo que Él me había enseñado durante dieciocho años. En verdad su paciencia y su misericordia son eternas. El Señor tuvo mucha paciencia conmigo para que yo recordara su fidelidad en la vida de mi hija. ¡Que se equivocara de carrera no me preocupaba tanto como que se equivocara de esposo! En fin, la carrera puede detenerse y cambiarse. Pero cambiar de esposo, ¡eso sí que no! Nuestro abolengo cristiano y, sobre todo, la revelación de Dios en su Palabra no lo contempla ni lo permite.

Al meditar sobre este asunto en la soledad nocturna, oí al Señor responderme: "Beatriz, ¿cómo se va a equivocar tu hija de marido? Yo estoy guiando sus pasos." Y en verdad Él la dirigió.

Inesperadamente, unos amigos abrieron su hogar para que fuera a vivir con ellos unos meses y luego estudiara en la universidad Biola en California, con ayuda becaria. Ese fue otro milagro del Señor en respuesta a mi oración diaria.

Y principió la preparación para el viaje . . .

¿Por qué no te casas?

¡Cuántas gracias le di al Señor porque Él me había enseñado a orar con ella diariamente! Como madre, había tenido el privilegio de formarle sus convicciones cristianas; le había ayudado a descubrir la voluntad de Dios en su vida y a comportarse como mujer cristiana digna. Ahora, de repente, yo no podía hacer más. El labrado y el cincelado había sido diario, por dieciocho largos años. Descubrí que su corazón también estaba lleno de temor. A menudo lloraba y me expresaba que no deseaba dejarnos. Yo bromeaba con ella y le preguntaba si era por nosotros que lloraba o por su "príncipe azul".

Un domingo por la mañana, mi esposo entró apresuradamente a nuestro cuarto y me dijo:

— La niña no quiere ir a la iglesia. Por favor, averigua lo que pasa. Yo me tengo que ir a predicar.

Fui a encontrarla sentada en su escritorio, leyendo su Biblia. Al preguntarle su razón de ausentarse de la iglesia, me contestó:

— Mami, ya no voy a ir. Ya me cansé de que cada domingo los hermanos me preguntan por qué no me he casado. Siento como que me están apresurando, como que sólo hay una razón para vivir: casarse. Yo no vivo para casarme. Yo vivo para hacer lo que Dios quiere que yo haga.

Le pedí que se vistiera y le rogué que me acompañara.

— Ya verás lo que voy a hacer — le dije.

Durante el servicio, no quise orar. Pero lo hice, diciéndole al Señor: "Sé que no vas a aprobar lo que voy a hacer; pero alguien tiene que decirle a esta gente cómo tratar a nuestras señoritas."

Cerré mis oídos para no oír lo que Dios quiso decirme.

Al terminar el servicio, se acercaron tres lindas y consagradas hermanas a saludarnos y la primera pregunta para Bellita fue:

— Y tú, ¿todavía no te casas?

Con ira santa les contesté:

— Hermanas, creo que el único que debe hacerle esa pregunta a nuestra hija es su padre, porque es él quien le está pagando su comida. Nosotros, los adultos, debemos orar por ella para que

Dios la dirija. Agradezco su interés pero no tenemos ninguna prisa para que se case nuestra hija.

Luego, dulcemente, las despedí.

Mi hija me tomó del brazo y apresuradamente me dijo:

— ¡Vámonos!

Caminamos hacia el auto y me dijo:

— Mamá, ¡eres terrible! No sé si reírme o llorar.

— Bueno — le dije —, ya me conoces. Prefiero que te rías; es más sano. Vete a tu cuarto y pídele perdón por mí al Señor. Luego quédate tranquila. Tú y yo sabemos que tienes novio y que no tienes ninguna prisa de casarte, ni nosotros de entregarte.

Juzgue el lector si hice bien o mal. Lamentablemente, ese es un mal endémico en nuestra cultura evangélica latina. No entiendo la razón por qué se presiona a nuestros jóvenes a casarse cuando todavía no han llegado ni a los veinticinco años de edad. ¿Cuál es el apuro? Más bien, debiéramos orar por ellos y orientarlos; debiéramos enseñarles a conocer la voluntad de Dios y aconsejarles que no tomen apresuradamente decisiones equivocadas que luego afectarán toda su vida.

Días después mi hija me pidió que platicara con ella y sus hermanos acerca del chisme y la crítica. Muchas veces habíamos hablado de este tema en nuestro hogar. Con esta experiencia, les volví a repetir lo que ya les había enseñado, que nuestro hogar no era una canasta de chismes. Por años les había repetido que una gran virtud es la discreción y que Dios espera que seamos discretos, sobre todo porque vivimos en una pecera y estamos en el ministerio cristiano.

Ella les contó a sus hermanos la experiencia vivida, y pude notar con satisfacción que no les mencionó el nombre de las hermanas de la iglesia. Eran nuestras hermanas en la fe y posiblemente nadie les había enseñado el poder destructivo de la crítica, el chisme y los infundios, "el meterse en lo que a uno no le importa".

Me pregunto si desde los púlpitos no se tratan esos temas. ¿O será que dichas enseñanzas caen en oídos sordos? Por algo dice el adagio: "No hay peor sordo que el que no quiere oír." Y mi esposo agrega: "No hay peor cristiano que el que no quiere obedecer la Palabra."

Las hermanas de la iglesia estaban sinceramente preocupadas porque nuestra hija de diecinueve años se quedara para "forrar Biblias". No íbamos a pecar criticándolas. Cuando nuestro hijo reaccionó y dijo que pensaba que debería haberles dicho aún más, le recordé:

— Somos cristianos sinceros; en todas partes. Eso no hubiera hecho Jesús, hijito. Tal vez Él les hubiera dicho lo mismo que yo; pero con más amor y sin juzgarlas.

Recuerdo la tarde cuando llegó a visitarme la esposa de un líder y pastor evangélico. Cuando ella quiso contarme algo de la vida de su copastor le dije:

— Perdone, hermana, pero no quiero saber nada. Mi hogar es sagrado. Aquí no hablamos mal de nuestros hermanos en la fe. Si quiere, mejor hablemos del culto misionero que tuvieron hace ocho días.

Cuando le cambié la plática, noté que se molestó. Lastimosamente, no regresó a hacerme una visita; pero yo protegí mi hogar. Siempre quise tener un *hogar*, no sólo una casa. Nuestro hogar es de Dios. Desde el comienzo lo dedicamos a Él y ninguno de sus miembros debe criticar la vida de los demás, mucho menos los visitantes.

De estas y otras cosas hablamos largas horas antes de la partida de nuestra hija mayor al extranjero. Ella se lamentaba que tendría que dejar su clase de Escuela Dominical. Desde que tuvieron edad suficiente acostumbramos a nuestros hijos a servir en la iglesia. Uno de nuestros gozos era servir al Señor durante las actividades de Navidad. Esta ha sido una estación muy celebrada en nuestro hogar y hemos construido algunas tradiciones de familia que nos han dado una identidad familiar muy propia. Estas tradiciones no tienen que ver sólo con comidas especiales, sino también con el sentimiento de que la Navidad es para darles a conocer a otros las buenas nuevas del Salvador.

Una tradición que nuestros hijos siempre esperan es tener en nuestro hogar a gente que está sola. Nos gusta invitar a nuestra cena navideña y a nuestra celebración especial a misioneros nuevos en el país, a misioneras u obreras cristianas solteras que están lejos de su hogar y se sienten solas, y a personas que no tienen con quien celebrar el nacimiento del dulce niño de Belén.

Siempre ponemos regalitos extra bajo el árbol para que todos reciban algo y nadie se sienta triste. Así les hacemos partícipes de lo que Dios ha provisto para nosotros.

En especial, hemos guardado mucha gratitud y respeto por los misioneros que, dejando su familia y su tierra, han querido invertir su vida para la salvación y edificación de nuestro pueblo latino. A nuestros hijos les inculcamos desde pequeñitos este sentimiento. La época de Navidad era una buena ocasión para demostrarle a alguno de ellos nuestra gratitud y a Dios por la vida de estos siervos muy especiales.

Los meses de espera

Durante los meses antes de irse a Estados Unidos, mi esposo le dijo a nuestra hija que tendría que trabajar. El impartir en el hogar una sana filosofía del trabajo es una buena manera de preparar a los hijos para la vida. Desde pequeños nuestros hijos trabajaron durante sus vacaciones escolares.

Recuerdo con nostalgia y humor que cuando nuestro hijo varón tenía apenas ocho años de edad mi esposo le dijo que en vacaciones, y después de regresar de su campamento cristiano, tendría que trabajar. Lo puso a laborar en el colegio evangélico que dirigíamos, sacando basura de las oficinas y llevando notas y correspondencia de una oficina a otra. Era tan activo y travieso que un día uno de los empleados expresó: "Le pagan a este niño por hacer este trabajo. ¡Realmente nos deberían pagar a nosotros por aguantarlo!"

Nuestra hija, con gusto, dio clases de inglés a niños de primaria. Cuando recibió su primer sueldo, mi esposo le enseñó a abrir una cuenta bancaria y a llevar una chequera. Ya en años anteriores les habíamos enseñado a manejar bien su dinero. Desde pequeños nuestros hijos aprendieron a dar su diezmo de lo que recibían de nosotros. Esta enseñanza es de gran imperativa en nuestros hogares cristianos. Al llegar a ser señoritas ya nuestras hijas tenían la costumbre de dar su diezmo. Ahora le tocaba a ella darlo de su propio dinero que había ganado con su trabajo.

—Mami, ¡qué lindo se siente darle al Señor algo que yo misma he ganado! — dijo mi hija, expresando su gozo.

Además, mi esposo le dijo que tendría que contribuir en algo a la casa. Le sugirió que ayudara a pagar el colegio de su hermanito. Mi corazón se encogió y pensé: *Pobrecita mi hija. Apenas gana unos centavos y su padre le pide que ayude en algo.* No dije nada en ese momento; pero esa noche, en nuestra habitación, se lo mencioné a mi esposo y hasta lo llamé ingrato. Me contestó, como siempre, con sabiduría:

— Déjame; tengo que enseñarle a velar por sus hermanos menores y a compartir lo que tiene.

Esa lección también la vivieron nuestros otros dos hijos. A veces al hijo mayor se le ponen cargas y exigencias que no se les dan a los demás. Todos deben aprender a vivir y a servir.

Les enseñamos a nuestros hijos que el dinero es malo o bueno dependiendo del uso que le demos. La verdadera mayordomía requiere que pensemos en el dinero como perteneciente a Dios y no a nosotros.

Los meses de espera fueron aprovechados también para otras enseñanzas. Nuestra hija descubrió que uno de sus talentos más sobresalientes era la enseñanza, que el ser maestra no era sólo una profesión sino también un ministerio. Es curioso que hemos descubierto que nuestros tres hijos tienen el don de la enseñanza. A los tres les encanta enseñar. Y lo hacen con mucho éxito.

No tuvimos nada que ver con que nuestros hijos tuvieran el don de la enseñanza. El Espíritu Santo les dio ese don, porque el Espíritu reparte sus dones "como él quiere" (1 Corintios 12:11). No lloramos ni luchamos; ni siquiera oramos en ese sentido. Dios reparte sus dones con liberalidad según su santa voluntad. Sin embargo, estoy consciente que debido a que hemos pasado nuestra vida en un ambiente de educación académica y cristiana eso tuvo que influenciar a nuestros hijos.

La primera característica de un verdadero maestro cristiano es su llamamiento. Les hicimos énfasis en que hay diferencia entre un maestro cristiano y un maestro cristiano cuya filosofía de educación es cristocéntrica. Puede darse el caso que un maestro de carrera asista a una iglesia evangélica y aun se identifique como cristiano; pero su enseñanza en el aula se basa en una filosofía existencialista, humanista o materialista.

Es el mismo caso con los padres que asisten a una iglesia evangélica y se identifican como cristianos pero su filosofía de vida y de enseñanza en el hogar es materialista. Desean que sus hijas se casen con hombres de dinero y sus hijos con señoritas de "sociedad". O puede ser el caso de un médico que al graduarse le promete a Dios dedicar su carrera para servir al prójimo y construir el reino de Dios. Con el paso de los años se olvida de esos votos y trabaja para sostener un alto estilo de vida como médico de éxito, por lo cual no tiene tiempo para atender a los pobres y testificar de Jesús en su consultorio y en su profesión.

Bienaventurado el maestro que lleva su vida profesional bajo la certeza del llamado de Dios y que practica una filosofía de educación en la cual Cristo es el centro de su enseñanza y su diario vivir.

Otra de las enseñanzas que recibió nuestra hija fue sobre las relaciones interpersonales. Como señoritas yo sabía que nuestras hijas pensaban en el matrimonio. ¿Qué jovencita no lo hace? Es normal, y yo comprendía que ellas se hacían la ilusión de formar su hogar. La enseñanza fue muy clara de que un hogar lo forman esposo y esposa aunque no haya hijos.

Hace poco, una hermana en Cristo me hizo el siguiente comentario:

— Dichosa, usted, que casó a todos sus hijos. Ya no tiene nada que hacer ni por qué preocuparse.

— ¡Por supuesto que tengo qué hacer y de qué preocuparme! — le contesté —. Tengo mi hogar y a mi esposo.

El sacrificio por los demás

Como dije anteriormente, mi esposo es mi primera prioridad. Aunado a esta enseñanza nuestros hijos tuvieron que aprender que una relación, cualquiera que sea, de amistad, noviazgo, matrimonio o familia, tiene que trabajarse. Es decir, si uno quiere mantener una relación hay que poner algo para mantenerla. Si se quiere tener una buena relación con los hermanos, hay que sacrificar algo: espacio físico (cuarto, juguetes, libros, tiempo en el baño); espacio emocional (respetar sus amistades, sus conversaciones, sus cartas); espacio mental (sus tiempos de estudio, sus tareas, sus actividades escolares). Una relación que no esté basada en el sacrificio por los demás no puede prosperar.

Les enseñé a mis hijos que el amor se construye y que hay que trabajar para mantenerlo. Estamos inclinados a pensar en el amor como un *sentimiento*. Pero el amor también es trabajo. Pablo habla en 1 Tesalonicenses 1:3 del "trabajo de vuestro amor". Mantener una relación amorosa sana y romántica cuesta trabajo. Es un trabajo duro y persistente, la clase de trabajo que produce fatiga y cansancio. Mantener el amor en el matrimonio es algo que se escoge hacer. Uno ama y actúa de acuerdo a eso aunque no *sienta* ganas de hacerlo. Uno piensa siempre en lo que es mejor para la otra persona. Una buena relación debe estar fundada en el respeto a nuestros intereses comunes así como a nuestras diferencias individuales, emocionales y funcionales.

¡Cuánto deseaba yo que mis hijos aprendieran esa clase de amor! Quería asegurarme que pudieran construir matrimonios sólidos y graníticos. Si algún día Dios permitía que en su matrimonio pasaron por pruebas difíciles, deseaba que permanecieran fieles a sus votos matrimoniales, honrando así la enseñanza de la Palabra de Dios, seguros de que el ancla de su fe, Cristo Jesús, jamás les fallaría.

El tiempo de espera, antes que nuestra primogénita saliera del hogar, nos proveyó la oportunidad de más preparación para su vida y la de nuestros otros dos hijos. Aunque nuestras hijas ya eran señoritas se les continuaba cuidando y, por lo tanto, no se les permitían muchas cosas que a otras jovencitas las dejaban hacer. La asistencia al cine era una de ellas. Como en otras esferas de su vida necesitábamos enseñarles a saber escoger y a tomar decisiones correctas. Nuestros hijos tenían permiso de ir al cine bajo ciertos requisitos. Ya sea mi esposo o yo los iba a dejar y también los recogíamos; así estábamos seguros con quién estaban acompañados y, además, qué película verían. Varias veces nosotros mismos los llevamos al cine. Después, juntos, comiendo un helado, discutíamos la película. Nuestra opinión es que a los hijos hay que introducirlos en la sociedad en que viven, pues, de lo contrario, serán ermitaños toda su vida. Pero al guiarlos a ser exigentes en sus gustos, nos aseguramos que cuando sean adultos sepan escoger sabiamente entre lo malo, lo bueno y lo mejor.

Una de las disciplinas que agradecí mucho haberles enseñado fue a no enojarse cuando algo se les negaba. En muchos hogares los niños, los adolescentes, y aun jóvenes, se enojan cuando los padres les niegan algo; algunos por varias horas y hasta por días. El secreto para ser una persona disciplinada es saber recibir la disciplina de los adultos en autoridad, de buena gana y con tranquilidad. Vale la pena invertir tiempo con los hijos para enseñarles a aceptar la disciplina con conformidad.

Para que esto suceda, los padres tienen que ganarse el derecho de ser escuchados y obedecidos por sus hijos. Hay padres que mandan a gritos y dan órdenes fuera de todo sentido común. El adolescente y el joven merecen saber la razón por qué se da una orden. Esa razón debe tener sentido. Por ejemplo, mi esposo puso la regla de que los domingos, el día del Señor, nadie de nuestra familia iría al cine ni al teatro. Al preguntar nuestros hijos sobre el porqué de esa regla, su padre les contestó con el pasaje bíblico: "Acuérdate del día de reposo para santificarlo" (Éxodo 20:8).

Como cristianos, respetábamos el domingo como día del Señor. Eso no quiere decir que no teníamos actividad alguna. Por lo general, era el día en que pasábamos más tiempo juntos como familia. Jugábamos pelota o gozábamos de varios juegos de mesa, como Monopolio o Dominó. Durante varios años, los viernes por la noche, acostumbramos jugar algunos juegos, y teníamos que hablar inglés. ¡Cómo gozamos de esos tiempos! Mi esposo era el único que manejaba el inglés casi a la perfección; los demás nos equivocábamos todo el tiempo. Esas horas sirvieron para mejorar nuestro inglés y unirnos como familia. Y mi esposo nos divertía mucho porque se volvía un verdadero payaso.

Ahora que mis hijos son adultos, añoran esos ratos de entretenimiento. ¡Y no gastábamos dinero alguno! Yo horneaba algunas galletas o hacíamos palomitas de maíz. Lo que importaba era estar juntos y reírnos juntos.

Si desde pequeñitos enseñamos a nuestros niños a reaccionar positivamente a una disciplina razonable, cuando sean jóvenes no van a reaccionar negativamente. Al contrario, van a estar agradecidos porque tuvieron padres que les inculcaron disciplina que les formó para toda la vida. La disciplina y el orden aprendidos en el hogar les servirán en todas partes, como en la universidad y en el trabajo.

Más libertad para nuestras señoritas

Poco a poco les dimos a nuestras dos señoritas más libertad de salir solas. Mi esposo puso una regla inquebrantable: si una de ellas salía teníamos que saber a dónde iba, con quién salía y, además, su hora de regreso. Si por alguna razón no podía regresar a esa hora, tenía que avisarme por teléfono. Cuando les dio esa regla, puso el ejemplo de él mismo:

— Cuando voy a regresar tarde a casa, su mamá sabe dónde ando, qué ando haciendo y mi horario. Es sólo una muestra de respeto hacia su madre que tal vez está esperando con la cena o está preocupada por mí.

No tuvimos ningún problema en cuanto a esto. Fue muy especial para mí ver que nuestro hijo varón, al regresar a nuestro país después de haber terminado su carrera universitaria, cuando salía, me llamaba por teléfono si iba a regresar tarde. Él "colmo" fue hace apenas unos meses, cuando ya adulto y casado, me llamó para avisarme que ¡él y su esposa llegarían tarde a su casa! (Vivimos en casas contiguas.)

El lector entenderá mejor esto si trata de ubicarse en la situación en que vivimos que es de extremo peligro por la violencia y la delincuencia a nuestro alrededor. Junior se acostumbró a este hábito a tal grado que creo que lo hace ya sin pensar.

Nuestras hijas vivían una situación diferente cada una. Por un lado, la mayor esperaba su pronta partida a los Estados Unidos. Por otro lado, Becky seguía asistiendo a sus clases de educación media y gozando de todas sus actividades. En esa época estuvo muy activa en La Cruzada Estudiantil y Profesional para Cristo, organización que le brindó mucha inspiración para servir a su Señor. Su vida transcurría llenísima de acción y movimiento.

Yo apenas podía controlar todo su horario. Tenía tareas escolares, evangelización, células de oración, servicio en la iglesia, y mil amistades y pretendientes. Tenía por costumbre "programar" a los muchachos para que la llamaran: Luis Arturo a las seis de la tarde; Alberto a las seis y treinta; Jorge Mario a las siete de la noche; su amiga Nancy a las ocho. Aquello seguía y seguía. Era simpatiquísima y muy hablantina y platicadora. Llenaba nuestro hogar de risas y chistes. Un día, en la mesa de la cena, le preguntó a su papá:

— Papi, fíjate que hoy me declararon su amor dos muchachos: Juan Luis y Mario René. ¿A quién le digo que sí?

Su padre la miró pensativo y le contestó:

— No sé, hijita, yo nunca he tenido novio. Pregúntale a tu mamá quien es experta en eso.

Tengo que declarar públicamente que la que más gozó de la edad de novios de nuestras hijas fui yo. Ellas me enseñaban notitas que les escribían los muchachos, ¡y yo les ayudaba a contestarlas! Pero también para eso había reglas. No les permití recibir regalos de sus novios. Ni permití que ellas regalaran nada. Eran noviazgos pasajeros y, además, eran más amigos que novios. Les aconsejé mucho que no dejaran que las besaran, ni en la boca ni en lugares anatómicos estratégicos. No había por qué. Les enseñé que el noviazgo es una época muy linda para conocerse y tener "amigos especiales". Muchas veces les decía: "Ustedes no conocen el futuro. Pudiera ser que uno de esos muchachos llegue a ser un buen amigo de su esposo, o que se miren en el futuro como buenos amigos. Guarden siempre el recuerdo de una amistad sincera y bonita. Nunca hagan nada de lo cual se avergüencen."

¡Cuánto agradezco a Dios haberme dado esa sabiduría para guiarlas! El presente es el futuro que ellas tenían entonces. Ahora pueden saludar a los novios que tuvieron en esa época y platicar con ellos sin avergonzarse de nada.

La partida de Bellita

¡Al fin llegó el día de la partida de nuestra hija Bellita! Ella iba feliz. Tenía gran esperanza en el plan al cual Dios la había dirigido. Yo no quería empañar su felicidad; pero sí notaba que a cada rato tomaba mi brazo e inclinaba su cabeza hacia mí. Ella también sentía la separación.

Mi esposo llevó sus maletas al auto y regresó a la sala para reunirnos a los cinco, leer el Salmo 121 y encomendarla a Dios. Volví de nuevo a pronunciar la misma oración: "Padre mío, te la encargo. Tú cuídala, guárdala, líbrala de Satanás y sus ataques;

no la abandones." No creo que Dios tenía intención de abando- narla; pero mi corazón de madre sufría y yo rogaba por ella.

Para Bellita fue un tiempo muy provechoso. Triste, de mucha nostalgia; pero de mucho aprendizaje. Tuvo que trabajar, y muy duro. Nosotros no contábamos con medios económicos para sostenerla y le sirvió de mucho haber aprendido a convivir con toda clase de gente. Trabajó de lavaplatos, de mesera, de cocinera y limpiando casas. En los Estados Unidos esto es muy común. En nuestra cultura latina, no. Conozco a padres latinos que al saber que sus hijitas tenían que trabajar de esa manera las hacían regresar. Y mucho menos permiten que trabajen en su país en menesteres "abajo de su condición social". Pero nuestra hija estaba acostumbrada a ver el trabajo como algo honesto y bueno. Ella sabía que nosotros, sus padres, habíamos tenido que trabajar muy duro para obtener nuestra educación y no fue difícil para ella acomodarse a sus diferentes trabajos.

En nuestras cartas le recordábamos su promesa de servicio a Dios y al ministerio cristiano. Sus cartas de respuesta estaban llenas de seguridad de que no abandonaría el camino de Dios y de deseos de volver a vernos. Además, nos contaba de su crecien- te amor por su novio, quien se había quedado en este país estudiando en el seminario y preparándose para el ministerio cristiano.

Dios tenía sus planes bien trazados. Con qué facilidad los padres podemos equivocarnos. No sólo nos equivocamos con facilidad, sino con mucha sinceridad. Pensamos que le estamos dando lo mejor, cuando Dios, tal vez, ha ordenado lo contrario.

El regreso de Bellita

La llamada vino una noche alrededor de las diez. La universi- dad se comunicaba con nosotros para decirnos que nuestra hija estaba muy mal de salud y que ellos consideraban que debía regresar a nuestro hogar. Nos alarmamos mucho. Ella, siempre solícita y pensando en el bien de los demás, había arreglado estar cerca del teléfono y hablarnos también. No quisieron darnos diagnóstico. Ella pidió regresar y, por supuesto, sin dudar un segundo, mi esposo le dijo: "Vente."

La recibimos con alegría pero muy preocupados. Su rostro estaba pálido y sus grandes ojos verdes hundidos. Se notaba aletargada y abstracta; quería solamente descansar y dormir. Al día siguiente la llevamos con el médico. Después de muchas pruebas dio el diagnóstico: fiebre reumática, de la peor. Ya había dañado la válvula mitral de su corazón. Necesitaba estar en completo y absoluto reposo por varios meses.

Principió el largo período de cuidados intensivos. Sus hermanos reaccionaron como se esperaba de ellos: preocupados, amándola, atendiéndola en todo lo posible. Su padre arregló su habitación con muchos colores y música. Yo, con amor, la bañaba, la atendía, le cuidaba su dieta; pero, sobre todo, platicaba con ella. Leía en sus ojos la gran pregunta: "¿Por qué a mí?", aunque sus labios no la profirieron. Por largos nueve meses la tuvimos acostada. Todo el hogar cambió en horario y acomodamos nuestras actividades para nunca dejarla sola. Le dimos entretenimiento y distracción. Al principio de su enfermedad ella no podía retener su atención casi en nada; pero unos meses después principió a leer sus libros de texto. Escribía cartas, ya se sentaba en la cama y podía dar unos pasos sin cansarse.

Le recordé nuestra enseñanza sobre el sufrimiento y ella lo asimilaba bien. Leía su Biblia y memorizaba la Escritura. Dios se hizo muy presente en ese cuarto de enfermedad. Yo me acostaba tan agotada que me dormía de inmediato; pero su padre velaba su sueño. Cada noche se levantaba de cuatro a cinco veces para ir a verla, taparla, acomodarla y ponerse de rodillas al pie de su cama y clamar al Señor por su sanidad.

Un día le dije:

—Hijita, no pierdas la oportunidad de escuchar la voz de Dios. Algo te está diciendo con esta experiencia. Él nunca permite que pasemos por algo, bueno o malo, negativo o positivo, sin que tenga un plan para comunicarnos. Cuando estés lista, cuéntanos lo que Él te diga.

Vez tras vez yo repetía la misma oración: "Señor, si tu voluntad es que vaya a vivir contigo, está bien. No voy a oponerme nunca a tu voluntad. Pero, mira los campos blancos para la siega. Aquí hay una señorita que desea servirte y mucha gente en necesidad de su servicio a ti. Te entrego esta obrera para tu mies."

A través de las enfermedades de nuestros hijos, unas al borde de la muerte, esa ha sido mi oración. Dios, en su misericordia, los ha dejado en este mundo para que vivan y le sirvan. No he dejado que eso se les olvide. Siempre que haya tenido la oportunidad de hacerlo les he hecho recordar esa verdad.

Nuestro hijo varón nos hizo sufrir mucho cuando, siendo un joven, decidió que iba a ser un profesional de los negocios y no un ministro de Dios. Yo le hice ver para qué había tenido un hijo y mi promesa a Dios de entregárselo para su servicio. Hubo una ocasión de mucho sufrimiento cuando casi a gritos le dije a Dios: "Señor, sacúdelo, quebrántalo, y si quieres, llévatelo. Prefiero llorarlo en un féretro antes que verlo avergonzar tu nombre."

Tengo el presentimiento que algunos lectores pensarán que estoy algo trastornada o que ese es un método demasiado drástico. Este libro no es para convencer a nadie de que hice bien las cosas. Es un relato de cómo Dios ha guiado mi vida como madre. Es bueno aclarar que toda mi familia guarda mucho respeto y admiración por los padres cristianos cuyos hijos son profesionales, hombres de negocios o empresarios cristianos. No vemos nada de negativo en ser profesional cristiano. Es cuestión de vocación. Pero nuestra situación era diferente.

Una noche de quietud nuestra hija nos habló.

— Papi y mami — dijo —, Dios me ha estado hablando. Me ha llamado a quedarme en la casa con ustedes y, cuando esté bien de salud, asistir como estudiante al Seminario Teológico Centroamericano. Deseo prepararme para servir a mi Señor en la capacidad que Él lo desee.

Su padre le hizo preguntas para estar seguro de que ella entendía la voluntad de Dios. No había duda alguna. Su salud principió a mejorar y cada día traía nuevas alegrías. Fue maravilloso el día que se sentó a la mesa con nosotros a comer, el día que la sacamos a pasear en automóvil, el día que la llevé a visitar a una amiga, el día que la encontré en la cocina junto con su hermana haciéndome un pastel. Un canto de alabanza y gratitud salía de nuestro hogar hacia el cielo.

Su padre la acompañó al seminario y se procedió a su inscripción.

Las críticas no se hicieron esperar. Hasta esos días, ella era la primera señorita guatemalteca que se inscribía como interna en el seminario pudiendo estudiar en los Estados Unidos. ¿Cómo era posible que nosotros, teniendo la oportunidad de enviar a nuestra hija a Estados Unidos, la dejáramos estudiar en el SETECA (Seminario Teológico Centroamericano)? ¡Le estábamos robando sus oportunidades de avance "social"! Además, en los Estados Unidos tendría la oportunidad de casarse con un norteamericano y eso es siempre muy deseable y ventajoso. Alcanzaría un "lugar especial".

Nosotros callábamos. Era imposible dar explicaciones a todo el mundo. Un día, mi hija me dijo:

— Mami, ¿qué hago? ¿Cómo contesto?

— No contestes nada, hijita — le dije —. Obedece a Dios.

¡Cuán fácil resulta tergiversar nuestros valores pensando que sabemos más que nuestro Padre celestial! Sólo miramos lo externo. Dios ve lo interno y el futuro. En nuestro afán de obtener lo mejor para nuestros hijos podemos confundirnos. Podemos desear que el futuro cónyuge tenga un nivel social y económico muy halagador, que sea de tal o cual grupo étnico, en lugar de esperar que Dios los dirija a la pareja idónea para cada uno de ellos.

Dios ha permitido en la vida de nuestra primera hija mucho sufrimiento. Ella ha pasado por enfermedades muy graves y dolorosas, además de angustias emocionales. En silencio, he sufrido mucho con ella y por ella. Hubiera querido ser yo quien llevara ese sufrimiento. Mi respeto y admiración van para esta joven mujer. Nunca la hemos visto claudicar de su llamamiento para seguir de cerca a su Señor y servirlo. Poco a poco Dios la ha hecho una torre de sostén para muchos de nosotros. Es de inspiración para mí, cuando, abatida por los sufrimientos de mi vida personal, la observo y miro su vida de sufrimiento en silencio, con gozo, siempre triunfante y nunca preguntando "¿Por qué, Señor?".

Al pensar en su experiencia, viene a mi mente las hermosas palabras de Booz a Rut: "Jehová recompense tu obra, y tu remuneración sea cumplida de parte de Jehová Dios de Israel, bajo cuyas alas has venido a refugiarte" (Rut 2:12).

Capítulo ocho

Una boda doble

142 *Mamá por etapas*

Levántate, oh amiga mía, hermosa mía . . .
Se han mostrado las flores en la tierra,
el tiempo de la canción ha venido,
y en nuestro país se ha oído la voz de la tórtola.

Cantar de los Cantares 2:10-12

*Y*o me caso primero que tú. Soy la mayor . . .
— No, yo me caso primero. Soy la más chiquita . . .
— Nosotros nos casaremos antes que ustedes.
— No, nos corresponde a nosotros casarnos antes. Llevamos más tiempo de ser novios.

Antes de adelantar a mis lectores para aclarar este enredo, deseo regresar al tiempo en que nuestra segunda hija, Becky, aún no pensaba en casarse. Estoy segura que soñaba con ello pero todavía no se presentaba el "prospecto".

Hicimos un viaje a la bella ciudad de México. Nuestra hija mayor estaba de vacaciones y nuestra segunda hija contaba con diecisiete años de edad. Visitamos una de las iglesias evangélicas de esa ciudad y, al entrar a la iglesia, encontramos a un grupo de jóvenes universitarios originarios del país donde vivíamos quienes nos saludaron con mucho cariño. Nos detuvimos a hablar con ellos y les presentamos a nuestros hijos. Se quedaron platicando mientras mi esposo y yo saludábamos a otros hermanos de la iglesia. Después ya no los vimos más.

Al regresar a Guatemala noté que uno de esos jóvenes visitaba la casa, aunque no con mucha frecuencia. Le pregunté sobre eso a Becky y ella me respondió:

— Solamente somos buenos amigos. A él le gusta platicar conmigo.

¡Caí en la trampa!

Una madrugada recibimos una llamada telefónica avisándonos sobre la muerte del padre de uno de nuestros discípulos. Pasamos el día ministrando y sirviendo a la familia. En la noche, durante el velorio, yo me quedé en la casa funeraria, al lado de la familia. El joven en cuestión llegó y se sentó junto a mí.

— ¿La acompaño? — me preguntó —. La veo solita. Quiero hacerle una pregunta. ¿Cuáles considera usted que deben ser las virtudes y las características que un joven que desea servir al Señor debe buscar en la señorita que puede llegar a ser su esposa?

Inocentemente . . . ¡caí en la trampa!

Principié a nombrarlas. Él iba armado de lápiz y papel y comenzó a apuntarlas: cristiana sincera convertida a Cristo, consagrada, que el Señor ocupe el primer lugar en su vida, madura para tomar buenas decisiones, que conozca su Biblia, que tenga llamamiento al ministerio cristiano así como el joven, que pueda trabajar con la gente, que sea flexible para ubicarse a vivir en varios lugares o países, que no tenga una personalidad conflictiva, que sea buena administradora del dinero, que esté dispuesta a sufrir y, muy importante, ¡que tenga buen sentido del humor!

Continuó haciéndome preguntas de casi cada una de esas características (¡íbamos a estar allí toda la noche!). Le inquietaba lo de "una personalidad conflictiva". Yo le aclaré que el joven debía observar bien a la señorita. Por ejemplo, si ella se enojaba cuando él platicaba con otras mujeres, eso quería decir que probablemente era muy celosa. Un siervo de Dios con una esposa celosa sufre mucho. La esposa de un pastor o misionero no puede darse el lujo de ser celosa puesto que su marido siempre estará con otras personas. Además, debía fijarse si la señorita se molestaba si a veces él faltaba a la cita programada por atender algo de la obra del Señor; si demandaba que él siempre la atendiera y estuviera a su lado. Debía fijarse si tenía buenas relación con sus padres; es más, si ella procedía de una familia conflictiva o disfuncional traería a la relación esa clase de hábitos.

Otra pregunta fue acerca del sentido del humor.

— ¡Dichoso el hombre cuya esposa sabe reírse! — le dije —. Hay mucho desgaste emocional y espiritual en el ministerio cristiano; son muchas las presiones y a veces tanto el sufrimiento que el saber reírse y hacer reír al esposo aligera las presiones y es una gran bendición.

A los dos meses de esta conversación llegó a nuestra casa. Becky salió a recibirlo y fue a decirme:

— Dice Enrique que no viene a verme a mí, sino a ti.

Lo atendí y me quedé atónita cuando me dijo:

— Llevo dos meses revisando la lista que usted me dio. He orado mucho sobre esto y vengo a solicitar su permiso para pedirle a Becky que sea mi novia.

Le expliqué que su padre tendría que dar ese permiso y Becky tendría que dar su opinión. Con mucha corrección y respeto me pidió:

— Permítame hablar con ella hoy.

Le di el permiso, y me retiré para llamar a Becky. Ella tampoco se lo esperaba; pero lo escuchó con gran emoción. Más tarde me preguntó:

— ¿Le vas a decir esto a mi papi?

— Por supuesto — le contesté —. Ya sabes que él es el que manda aquí y él tiene que dar ese permiso.

Esa noche le platiqué lo de Enrique a mi esposo. De inmediato me contestó:

— Definitivamente, no. Ese joven es muy grande para Becky. Él ya está terminando su carrera universitaria, es director de una organización cristiana y es muy serio. Nuestra nena es muy chiquita (tenía diecisiete años) todavía. Es muy juguetona, muy coqueta y llena de actividades. Él nos la va a poner muy seria.

— Mira — le dije —, el muchacho me agrada mucho. Es respetuoso, muy correcto, y es un gran cristiano. Dale permiso. Es muy bonito tener novio. Él no la va a aguantar. En un mes va a terminar con ella.

A los dos meses, una noche en que Enrique cenó con nosotros, mi esposo me dijo:

— Me dijiste que iba a durar un mes. Ya llevan mucho tiempo. Esto no me gusta nada.

Yo me reí y le dije:

— No seas quejoso. El noviazgo ese está muy bonito. Cada día me gusta más el muchacho. Se ha portado de maravilla. Una tarde platiqué con él y fui directa y sincera.

— No queremos que limites a Becky — le dije —. Ella está muy ocupada en sus estudios, tiene muchos amigos, sale siempre con nosotros y su padre no le va a dar permiso para que ande a todos lados contigo. No queremos que se sienta limitada en sus actividades ni en sus amistades. Piénsalo bien porque el momento que la veamos cambiar de carácter o personalidad van a tener que terminar el noviazgo.

— No se preocupe — me contestó —, ella seguirá igual.

Un joven respetuoso

Y así fue. Este joven la respetó, obedeció las reglas puestas en nuestro hogar, comprobó ser un gran cristiano y nunca vimos que limitara en nada a nuestra hija. Ella principió a enamorarse. Su relación era sana y bien dirigida por nosotros.

Una tarde le di permiso de salir con él. Regresó contándome:

— ¡Mami, Enrique me llevó a conocer a su mamá! Ella es linda. Me recibió muy bien y contenta.

A mi hija le brillaban los ojos y mi corazón sintió un sobresalto.

Llegó el día de su graduación y, como ya lo dije anteriormente, con orgullo y gratitud a Dios la vimos recibir con altos honores sus títulos de maestra de educación primaria urbana y su diploma de maestra de educación cristiana. Al igual que su hermana, su padre la envió a los Estados Unidos a estudiar en la universidad.

Mi corazón volvió a sufrir. No porque ya había pasado una experiencia similar sufría menos en la segunda. Tenía mucho miedo por ella. Era muy inocente, muy juguetona, muy inexperta. Confieso que debería de haber confiado más, tanto en ella como en Dios. Me hubiera ahorrado muchas ansiedades.

En el hogar adonde fue a vivir la llegaron a amar y respetar. Vivió con triunfo su testimonio cristiano. Enrique nos visitaba seguido y le escribía. Su noviazgo seguía. Siempre le agradeceré que nunca le impidió a nuestra hija prepararse mejor; al contrario, siempre la inspiró para ser mejor estudiante, mejor hija y mejor cristiana.

En mi trabajo con jóvenes les menciono esta característica. Si el joven inspira a la señorita a superarse mejor en distintas esferas de su vida, ese joven sí la ama. El amor siempre busca el bien de la persona amada. En 1 Corintios 13:5-7 dice acerca del amor: " . . . no es arrogante, ni egoísta ni grosero; no trata de salirse siempre con la suya; no es irritable ni quisquilloso; no guarda rencor; no le gustan las injusticias y se regocija cuando triunfa la verdad. El que ama es fiel a ese amor, cuéstele lo que le cueste; siempre confía en la persona amada, espera de ella lo mejor y la defiende con firmeza" *(La Biblia al Día)*.

Perdimos la casa, no el hogar

En febrero de ese año, nuestro país se vio sacudido por un espantoso terremoto en el que murieron más de veinticinco mil personas. Durante esos días sufrimos mucho, pues fuimos una de las familias entre más de un millón que nos quedamos sin casa. Cuando se lograron restablecer las comunicaciones telefónicas hacia el exterior pudimos tener contacto con Becky. La pobre niña estaba loca de preocupación. ¡Las noticias eran muy alarmantes! De inmediato nos dijo que deseaba regresar para ayudar en la dura tarea que estábamos enfrentando de enterrar muertos, curar heridos y auxiliar a tanto damnificado. Su padre la convenció que no se viniera. Yo, llorando, le dije:

— Hijita, hemos perdido la casa. Estamos durmiendo en el jardín. ¡Todo se perdió!

Muy sabiamente mi hija me contestó:

— Mami, recuerda que hemos perdido nuestra *casa*; pero no nuestro *hogar*.

Sus palabras fueron bálsamo a mi dolido corazón. De nuevo agradecí a Dios que temprano en la vida habíamos enseñado a nuestros hijos a obedecer y a confiar en nuestras disposiciones. La niña estaba en un lugar seguro y sabía que si su padre le ordenaba a quedarse, él sabría por qué.

Por circunstancias especiales, Becky regresó al hogar después de varios meses de experiencia universitaria. Siguiendo los pasos de su hermana se inscribió en el Seminario Teológico Centroamericano para prepararse para servir al Señor. Pero no todo andaba bien. Comencé a verla muy retraída, cansada y hasta preocupada. Le pregunté acerca de su relación con Enrique. Me aseguró que todo andaba bien. La interrogué de su salud física y me dijo que se sentía bien. Yo no lograba descubrir lo que la angustiaba; pero sentía que algo me ocultaba.

Una noche, hablé de mis sospechas con mi esposo.

— Bueno — me dijo —, ya sabes dónde encontrar la respuesta. Vamos a las Escrituras.

Dios nos llevó a Juan 16:13, donde dice que el Espíritu nos guiará a toda la verdad. Oramos juntos por nuestra hija, pidiéndole a Dios que le mostrara a ella y a nosotros lo que la estaba angustiando. Le pedimos que cumpliera esa promesa de su Palabra, que nos guiara a toda la verdad.

Un día, cuando regresó del seminario, se tiró en la cama y dijo:

— No puedo más. Estoy muy agotada.

Le cerré la puerta y me quedé parada afuera orando al Señor: "Padre, ¿está enferma? ¿Será algo muy serio? Muéstranos, Señor. Revélanos lo que sucede." ¡Y Dios lo hizo!

Nuestra hija no pudo levantarse. ¡Su cuello y su espalda se paralizaron! Le vinieron dolores muy agudos. De inmediato, llamamos al médico, quien gentilmente me indicó que no tratáramos de moverla, que él vendría a verla.

— Mami, ¿qué me está pasando? — me preguntó Becky muy angustiada.

Al decirle que muy pronto lo sabríamos porque el médico venía en camino, me dijo:

— Entonces, antes que llegue, dame algo de comer. ¡Tengo mucha hambre!

¡Esa era mi Becky! Me reí con ganas y le dije:

— Bien, hijita, ya te traigo algo. Enfermo que come no se muere.

Resultó que estaba sufriendo de una fuerte tensión nerviosa por la mucha carga laboral y académica, pues además de estudiar trabajaba de maestra de inglés y Biblia. Aunque era joven, fuerte y saludable, resultó demasiado trabajar y estudiar a conciencia como ella lo hacía. Además, nos confesó que sentía que su lugar no era en el seminario. No nos lo había dicho antes porque primero quería estar bien segura de lo que Dios quería para ella.

Primero la atendimos en su salud, y ya restablecida pedimos la dirección de Dios. Él la dirigió a entrar a la universidad para estudiar la carrera de profesora especializada en pedagogía y ciencias de la educación. Siguió dando clases de Biblia a la vez que estudiaba con entusiasmo y dedicación.

Sinceramente equivocados

De nuevo comprobamos que no siempre los padres tenemos la razón. Nosotros habíamos estado sinceramente equivocados. Pensábamos que el mejor camino para ella era el seminario; pero Dios tenía otros planes. Eso sí, su padre y yo le hicimos ver que era necesaria una preparación ministerial para que tuviera un buen fundamento de contenido bíblico. Ella lo entendió y se preparó tomando varios cursos libres.

Dios usó sus estudios en la universidad para dar un firme testimonio de su fe cristiana y ponerla en contacto con un ministerio a estudiantes universitarios. Este era uno de los aspectos más fuertes del ministerio de su novio, y eso sirvió para que se complementaran más.

Así las cosas, comencé a notar un acercamiento mayor de los dos novios de mis hijas, una apertura hacia nosotros de parte de ellos y un cuchicheo y risas entre ellas.

— ¿Qué está pasando? — me preguntó un día mi esposo —. Siento algo diferente; algo está cambiando.

Inocentemente, lo miré y le dije:

— Tú siempre te imaginas cosas con las nenas. No pasa nada. Pero yo no estaba muy segura.

Hablando de matrimonio

Por fin, una noche nos hablaron. Ambas parejas ya estaban hablando de matrimonio. Primero uno y luego el otro novio hablaron con nosotros. Mi esposo los escuchó y les pidió tiempo para orar. A ellas las llamó aparte y les anunció:

— Una pareja se casará primero. La segunda pareja tendrá que esperar cuando menos un año para que yo me reponga no sólo económicamente sino también emocionalmente. Su mamá y yo no podemos manejar dos bodas en menos de un año. Yo quiero darles lo mejor que pueda a cada una por igual. No quiero pasar por la circunstancia de que una tiene más que la otra ni darle oportunidad a nadie de comparar una boda con la otra.

Calladas, escucharon. En mi caminar maternal, yo estaba viviendo uno de los pasajes más importantes de mi vida.

Esa noche encontré a mi esposo acostado, esperándome en la cama con la vista fija en el techo.

— ¿Qué te pasa? — le pregunté.

Con sus ojos bañados en lágrimas, me contestó:

— No las quiero entregar.

Abrazados lloramos y oramos. Nunca les comenté eso a nuestras hijas.

Esa misma noche le prometí a Dios que yo sería la más feliz de todos; que no empañaría su felicidad. Quería que nuestro hogar fuera el más feliz de la tierra porque iba a celebrarse una boda. Mi dolor, mi ansiedad y mi preocupación tendrían que esperar.

Días más tarde, llamamos a nuestro hijo varón y juntos se lo comunicamos. Se nos quedó viendo interesado.

— Con que se.casan, ¿no? — dijo —. ¿Quién se casa primero?

— Aún no lo hemos decidido — respondió Becky.

Con voz plañidera me preguntó:

— Mami, cuando se casen y se vayan, ¿puedo tener su cuarto?

Típico varón. Nosotras preocupadas por la boda y él ¡pensando en la habitación!

Pasó una semana. El domingo nuestras hijas nos pidieron permiso de ir a almorzar fuera con sus novios. Las dos parejas querían discutir juntos sus bodas. Se lo concedimos.

Regresaron en la tarde pidiendo hablar con nosotros.

Guillermo, el novio de la mayor, tomó la palabra.

— Ustedes conocen nuestros calendarios y saben que los cuatro participamos activamente en el ministerio cristiano. Ya revisamos nuestras agendas y oramos por este asunto. Queremos proponerles que nos permitan casarnos juntos, la misma noche, en la misma ceremonia. Tenemos todo el año planificado. Deseamos casarnos a principios del año, en el mes de enero; así tendremos tiempo de ubicarnos como pareja y seguir con nuestras actividades ya programadas. En otras palabras, les estamos pidiendo una boda doble.

¡UNA BODA DOBLE!

Me sentí mareada. Miré a mis dos hijas, cada una sentada junto a su novio, tomada de la mano de él. Me sentí sola, abandonada por ellas, con la sensación de que se habían pasado "al otro lado". De inmediato rechacé mis sentimientos y supliqué: "Padre, ven. Te necesito. ¿Cómo debo reaccionar a esto?"

Como siempre, Dios respondió: "Con felicidad, Beatriz. Deja de sentirte atacada. Ustedes han orado por los esposos de sus hijas por más de veinte años. Pues aquí están."

Escuché que mi esposo me decía:

— Amor, te estoy hablando. No estás escuchando. ¿Qué piensas de este plan?

Miré los ojos de mi niñas. Estaban muy felices y, a la vez, esperaban *mi* opinión. Para ellas mi opinión era muy importante.

Cuán valioso es que las madres aprendamos a abrir nuestra boca con sabiduría. En Proverbios 31:26, hablando de la mujer de excelencia, dice: "Habla siempre con sabiduría, y da con amor sus enseñanzas" *(Versión Popular)*. Toda madre que habla con sabiduría se gana el derecho de ser oída por sus hijos.

En mi práctica de consejería muy a menudo me encuentro con madres que se quejan de que sus hijos no las oyen. "Mi hijo no quiere escucharme"; "Yo le hablo y le hablo y mi hijo no reacciona", dicen. A varias de ellas he tenido que enseñarles con mucho tacto y sabiduría las herramientas de una buena comunicación. No porque yo sea una experta en eso, sino porque he tenido que aprenderlo en mi largo peregrinaje maternal.

Ahora mis hijas deseaban mi opinión. ¡Qué gran honor! Estaban al borde de tomar la segunda decisión más importante de sus vidas, siendo la primera el haber voluntariamente abierto su corazón a Jesucristo. Volví a preguntarles si lo habían pensado bien. Nos explicaron que habían revisado una y otra vez su calendario para los dos años siguientes y ninguna de las dos parejas podía ajustar sus planes de futuros estudios de posgrado y de ministerio para casarse un año después de la primera boda. La solución, tras mucho pensarlo y planificarlo, de casarse en una misma noche, nos parecía lo más prudente, aunque a ratos tenía mis dudas si se ajustarían los unos a las exigencias y los gustos de la otra pareja.

Al fin, al aceptar como padres ese plan presentado, mi esposo procedió a abrir las Escrituras y recordarles el concepto bíblico del matrimonio. Primero leyó el capítulo 24 de Génesis, que cuenta la hermosa historia de la dirección de Dios en la vida del criado de Abraham al buscar esposa para Isaac, el hijo de su amo. Les recordó a ambos jóvenes que no eran cualquier muchacho que se casaba con nuestra hija. Ellos habían sido "buscados" en oración por nosotros, sus padres, quienes por más de veinte años le habíamos pedido al Señor que les concediera a nuestras hijas esposos consagrados y dedicados a su servicio.

— Para nosotros esto no es cosa de juego — les enfatizó —. El matrimonio es un paso serio y es sólo para personas serias y maduras. Además, es *para toda la vida*. Les estamos entregando el tesoro más grande de nuestro corazón y les responsabilizamos de su vida y su futuro. Deben pensar bien lo que van a hacer.

Nos tomamos de las manos y oramos juntos encomendando a Dios estos planes.

Los preparativos

Al terminar, yo, como mujer práctica, les dije:

— Ahora tenemos que trazarnos un plan de acción. Es finales de agosto y la boda será en enero. ¿Cómo esperan ustedes que yo, como madre de las novias, prepare una boda en cuatro meses y medio? Además, ustedes sólo hablaron de su agenda. No tomaron en cuenta la nuestra. Nosotros tenemos una gira por los Estados Unidos de seis semanas en octubre y noviembre Eso me deja sólo tres meses para preparar la boda.

Principiaron los chistes.

— Nos las robamos — decían los novios.

— Nos escapamos — decían las novias.

Por fin, uno de ellos expresó:

— La ayudamos. Entre todos y con nuestras madres sale el asunto. No se preocupe.

Nuestro hijo varón observaba callado.

— ¿Cuándo me principio a cambiar de habitación? — me preguntó en voz baja.

A los novios les preguntó:

— Yo no voy a hacer nada, ¿verdad? ¡Qué vergüenza estar allí delante de toda la gente! ¿Tendré que usar corbata? — y dirigiéndose a su hermana Becky —: Si se van a algún lugar a pasear después de la boda, ¿me puedo ir con ustedes?

Aquello se volvió una fiesta. Los novios pidieron comida porque, según ellos, "ya habían adquirido serias responsabilidades y eso siempre desata el hambre". Mandaron a las novias a la cocina a conseguir comida "para que principiaran a practicar". Durante cuatro horas platicamos, nos reímos y gozamos. Sucedió que nuestros dos yernos resultaron tener un gran y afinado sentido del humor. Encontraron la familia correcta. Si hay algo que sabemos hacer como familia, además de orar, es reírnos.

Sólo yo conocía los sentimientos íntimos de mi corazón. Nadie me puede culpar; soy madre. Pensaba en el cambio en la vida de mis nenas, en los problemas que afrontarían. Me preguntaba si estos muchachos eran sinceros, si las amarían y cuidarían, si velarían por ellas. En ningún momento sentí celos. Admiraba mucho a los dos novios. A Guillermo, el novio de nuestra hija mayor, lo conocía desde sus quince años de edad. Yo había sido su consejera en el colegio. A Enrique lo respetaba y admiraba por su compromiso muy serio con el Señor y su dedicación al trabajo.

Pero la duda me asaltaba en otros aspectos: ¿Cómo irían a vivir? Ambos muchachos eran buenos, nobles y trabajadores; pero eran estudiantes y, por lo tanto, pobres. ¿Dónde irían a vivir?

Esa noche, abrazada de mi esposo, le conté mis dudas.

— Recuerda lo que nosotros hicimos — me dijo —. Te veniste de tu país y yo no tenía nada que ofrecerte; sólo una habitación con baño. Colgábamos la ropa de un lazo. No teníamos nada, sólo lo vital: ¡la cama! Fue lo único que te pude comprar. Has sufrido limitaciones y pobreza pero has sido feliz a mi lado. Nunca nos ha faltado nada. Hemos caminado por fe y Dios ha sido nuestro sostén. Lo mismo sucederá con nuestras hijas. Estamos a tiempo. Oremos que si Dios, que mira el futuro, considera que esos matrimonios no van a triunfar, los deshaga aquí y ahora.

Esa fue una de mis oraciones más intensas durante este período. Le dimos a Dios la oportunidad de suspender la boda si

Él consideraba que nuestras hijas iban a cometer una equivocación. Él sabe el futuro y nunca se equivoca.

Mi otra oración era en cuanto a mí. Le pedí a Dios que así como me había enseñado a ser madre, ahora me enseñara a ser suegra. Dispuse en mi corazón contribuir lo más posible a la felicidad de mis hijas. El tiempo de la preparación de una boda debe ser la época más alegre en la vida de una mujer y también de su familia. Es el acontecimiento social más importante en la vida de una persona.

La lista de cosas por hacer era interminable. Me conseguí un cuaderno donde apuntaba *todo*. A cada rato cambiaban de opinión. Por fin, les hablé a los cuatro.

— Esto no va a funcionar — les dije —. Tenemos que tener orden. Vamos a reunirnos cada semana para planificar bien lo que vamos a hacer.

Cuando mi esposo me oyó, dijo:

— Un momentito. No se me adelanten. Estas niñas no han sido pedidas oficialmente. Estos jóvenes deben aprender a hacer las cosas bien hechas. A mis hijas me las vienen a pedir sus padres oficialmente como se debe. Ellas salen de aquí bien educadas, bien formadas, puras y bien cuidadas. Así que hay que comenzar por el principio. Cuando yo las haya dado, *entonces* hacen ustedes sus planes.

Nos miramos unos a otros asustados. Guillermo, el más serio, reaccionó y dijo:

— Hablaré con mi mamá y ella con gusto vendrá a hacer oficial nuestro compromiso. Nos pondremos de acuerdo con Enrique para ver cuándo puede venir su mamá y lo haremos.

— No — intervino mi esposo —, vendrán en diferente día cada uno. Aquí no casamos hijas en montón. Cada una tendrá su petición de mano, su cena de compromiso oficial y su boda. La diferencia es que se celebrarán juntas, en la misma iglesia, la misma noche. Pero cada una según sus deseos y sus características.

No pude sino reírme.

— Mamá, ¿de qué te ríes? — me preguntaron Bellita y Becky al mismo tiempo.

— De nada. Me dio risa pensar que nosotros ya íbamos casi al altar y tu papi nos detuvo. Ahora hay que retroceder y principiar de nuevo. Además, estoy pensando que papi, como siempre, tiene razón. A las mamás de los novios hay que darles participación en esta planificación.

Los jóvenes consultaron con sus mamás (ambos padres estaban ausentes) y nos pidieron fechas para llegar a la petición de mano. ¡Qué lindo fue ese tiempo. Les hice dos cenas especiales, y las elaboré con mucho pensamiento y cariño. Mis nenas estrenaron vestido; la casa estaba bien arreglada. Todo respiraba felicidad.

Nuestro hijo era el que nos hacía reír. "¡Qué bueno que se casan mis hermanas. ¡Todos los domingos hay pastel!", decía.

Decidimos las tres familias que el resto del año nos reuniríamos todos los domingos, tarde y noche, para la planificación de la boda y todos los detalles. Mi esposo tuvo que hacer arreglos con algunos compromisos de predicación que tenía porque quería estar presente.

— Soy el autor intelectual de esto — nos decía.

¡Cuánto gozamos esos domingos! Ambas parejas escogían trajes, música, flores, colores. Hablamos de la recepción, de las invitaciones, de las listas de invitados. Las madres de los novios son dos grandes mujeres de Dios y apreciamos su aporte. Volví a comprobar la fidelidad del Señor.

Cuando mi esposo y yo orábamos por los esposos de nuestras hijas y la esposa de nuestro hijo, le pedíamos a Dios por los suegros de nuestros hijos. Le rogábamos que les concediera suegros cariñosos que las trataran como hijas. Dios ha contestado nuestras oraciones. Nuestras hijas tienen suegras que han llegado a ser sus segundas madres. Nuestro hijo tiene suegros que lo aman, lo ayudan y lo aconsejan. Estamos muy agradecidos a Dios por estas personas que han venido a ser vitales en la vida de nuestros hijos; personas que Dios preparó para contribuir a su felicidad.

Nuestras sesiones siempre terminaban en oración.

Durante esos días les repetí a mis hijas lo ya enseñado: "Escoge bien con quien te casas, porque no te casas solamente con un joven. Te casas con su familia. Ama a tu suegra, cuídala, ayúdala y, sobre todo, sírvele, sírvele, sírvele. Sírvele siempre con amor en todo lo que puedas. Recuerda que si no fuera por ella, no tuvieras a tu esposo que tanto amas. No esperes que ella te acepte de inmediato. Necesita conocerte para amarte y aceptarte. Dale tiempo. Tu deber es amarla, no importa cómo ella sea."

Muy pocas iglesias enseñan esto desde el púlpito. ¿Qué pasaría si un domingo el pastor de su iglesia anunciara: "El domingo entrante deseo que todas las familias y los jóvenes estén presentes. No vayan a faltar. Mi mensaje y mi enseñanza será: 'Cómo llegar a ser una buena suegra.' "?

Le aseguro que muchos caballeros se harían el propósito de llevar a su suegra. Tal vez no se les ocurra llevar a su madre; pero sus esposas sí tendrán ese pensamiento.

Es muy probable que nuestros pastores piensan que dándonos los principios cristianos básicos las suegras tenemos suficiente información para llegar a ser buenas suegras. Por siglos se ha visto que eso no es suficiente. Sólo hay que escuchar las quejas de los matrimonios jóvenes para comprobar que es necesario que cada iglesia enseñe a las señoras que hemos llegado a esa etapa de la vida a ser buenas suegras.

Las virtudes de mis yernos

Yo tuve que aprenderlo. Principié por concentrarme en las virtudes de mis yernos. Los estudié y observé, preguntándome: "¿Qué tiene este muchacho que mi hija se enamoró de él? Algo debe haber en él para que mi nena esté muy enamorada."

Les descubrí muchas virtudes. Aprendí a aceptarlos y amarlos. Me negaba a mirar sus defectos. Para mirar defectos suficientes tenía con los míos. Yo sabía que gran parte de la felicidad de mis hijas dependía de la relación que mi esposo y yo tuviéramos con nuestros yernos. Y quería que ellas fueran felices.

Hay algo muy especial en la relación de suegra a yerno y de suegra a nuera. Estoy convencida que en esa relación la mayor responsabilidad la lleva la suegra. Ella es la adulta, la que ha caminado más en la vida, la de mayor experiencia. Ella ya ha pasado por el camino nuevo del matrimonio, la senda de la ubicación emocional y física con un esposo. Ella ya conoce de posibles conflictos con la familia del cónyuge.

Muchas veces, tenemos tergiversados los preceptos. Escucho a suegras decir: "No me gusta mi nuera. No *me ha ganado.*" Esas mujeres esperan que su nuera, jovencita, inexperta y sin experiencia, *se gane a la suegra*. ¡Qué equivocación!

Aprendí que como suegra dependía de mí salvar la barrera entre mis yernos y yo. Si había cosas que yo notaba que no les gustaba (y me imagino que habría muchas), trataba de cambiarlas. Estaba al cuidado de siempre mostrarles respeto, admiración y aceptación.

Mi esposo y yo hablamos mucho de esto y yo me preguntaba por qué él no veía problema. La cosa es que los suegros son diferentes. La figura de la madre en el hogar es muy fuerte y dominante. Aunque mi esposo siempre ha sido el líder y jefe de su hogar, mi posición de madre ha sido muy sólida para nuestros hijos. Además, el esposo permanece fuera del hogar la mayor parte del día y eso se acentúa más si es ministro de Dios.

Según mi parecer, logré ausencia casi total de conflicto. No quiero ahondar mucho en esto porque esa opinión deben darla los hijos, los yernos y nuestra nuera. Me he esforzado mucho en ayudarles en el camino de la vida matrimonial, tratando siempre de no meterme en lo que no me incumbe. Cuando han pedido mi consejo, lo he dado con amor y agradecimiento de que se me tome en cuenta, siempre pidiéndole a Dios sabiduría para contestar con inteligencia y sensatez. Cuando no, los he dejado cometer sus errores, observando desde lejos con paciencia y oración. Pienso que al igual que su padre y yo, ellos tienen derecho a cometer sus propios errores.

Los trajes de novia

El tiempo pasaba veloz y no habíamos podido ponernos de acuerdo en cuanto a los trajes de novia. Habíamos recorrido tienda tras tienda. Nuestro presupuesto no era muy grande, así que ese, realmente, era el problema básico.

Una noche, mis hijas me hablaron:

—Mami, hemos decidido pedirte que tú nos compres nuestros vestidos nupciales en los Estados Unidos. Tú vas para allá. Puedes tener más lugares dónde escoger. Conoces nuestros gustos y sabes lo que queremos. Por favor, hazlo.

Me quedé mirándolas asombrada.

— No — les dije —, definitivamente, no. Una novia debe escoger su propio vestido. Esto es muy importante para ustedes. Temo escoger algo que no vaya a gustarles.

— ¿Por qué, mami? — dijo Bellita —. Yo tengo veintidós años. Durante toda mi vida has escogido mi ropa. Todo lo que me compras, me queda lindo. En tus viajes siempre nos traes lo mejor y nos gusta y nos queda bien. ¿Por qué ahora no puede ser así?

Con mucha pena, accedí. Emprendimos el viaje y cada día le pedía a Dios que me dirigiera al vestido correcto. Así lo hizo. En dos diferentes ciudades de los Estados Unidos encontré los dos trajes, muy distintos el uno del otro; pero muy apropiado cada uno para cada hija.

A nuestro regreso la actividad fue frenética. Sin embargo, mi esposo y yo nos propusimos tener una gran celebración de Navidad en nuestro hogar. Era la última celebración de mis hijas solteras en casa. Esos días fueron muy alegres. Pero cada noche yo le rogaba a Dios preparar mi corazón para la separación.

Planes para la luna de miel

Un domingo por la noche los novios sugirieron planificar su luna de miel. Cada pareja decía que no quería encontarse con la otra. El país donde vivimos es pequeño. No hay muchos lugares para ese fin. Además, ninguno de los novios tenía dinero ni tiempo para viajar al extranjero. Consiguieron un mapa y entre grandes risas y carcajadas comenzaron a planear un horario tan apretado que era casi imposible cumplirlo. Cuando una pareja llegaba a un lugar, tenía que salir tal día y a tal hora porque la otra pareja llegaría media hora después.

Junior, nuestro varón, daba su opinión y enredaba más las cosas. Las tres mamás nos reíamos de ellos y los mirábamos con amor. ¡Qué felices eran!

Un día, se me ocurrió expresarle a mi esposo una loca petición:

— Si las nenas van a tener luna de miel, yo también quiero eso.

— Ay, ¡no! — gritaron al unísono los cuatro novios —. Por favor, mami, no compliques más los planes. Los padres no tienen luna de miel, ¡ya tuvieron la suya!

Pero esa noche, mi amado me susurró al oído:

—Te voy a llevar de luna de miel. Te la mereces. Vas a dormir, descansar, llorar y reponerte de todo este relajo.

Faltaba una semana para la boda. Las invitaciones estaban repartidas, los vestidos listos, la iglesia preparada para ser adornada y los invitados del extranjero principiaban a llegar. Toda la casa reventaba de felicidad. Solamente mi corazón, en lo oculto, lloraba en silencio.

Viéndolo bien, no tenía por qué llorar. Cuando podía tomar unos minutos me encerraba en el baño. Allí nadie me molestaba. Hablaba a solas con Dios. Necesitaba poder para mantener en calma mis pensamientos y sentimientos. Por algo el Creador me había provisto de una mente sana. Le suplicaba llenar mi corazón de paz y de la certidumbre de que estábamos entregando a nuestras hijas a los hombres que Él había escogido.

El lector se habrá dado cuenta de que la oración ha formado una parte importante de mi peregrinaje maternal. No sé lo que hubiera hecho sin la comunicación con mi Padre celestial. He tenido que aprender a orar andando, con los ojos abiertos, mientras hago una y mil cosas. Aprender a orar por nuestra familia es un arte. En esos días de actividad no tenía tiempo para detenerme una hora diaria a orar y leer las Escrituras. Mi Padre lo entendió. A diario le decía en silencio: "Te amo. Eres muy fiel y bueno con nuestra familia. Recuérdame un versículo para este día de tanto trabajo. Hazme pacífica, dame gozo, Permite que proyecte amor. Dame fuerza para hacer todo lo que tengo que hacer."

De nuevo, Dios fue fiel. Me dio versículos como: "Todas vuestras cosas sean hechas *con amor*" (1 Corintios 16:14); "El gozo de Jehová es vuestra fuerza" (Nehemías 8:10); "Aún llenará tu boca de risa, y tus labios de júbilo" (Job 8:21); "Tú guardarás en completa paz a aquel cuyo pensamiento en ti persevera . . . " (Isaías 26:3). Esas y muchas otras promesas fueron mi sostén.

Nuestros tres hijos escogieron esa última semana para portarse mal. Dispusieron dormir juntos. Su hermano puso un colchón entre las camas de las niñas para dormir allí cada noche. El ruido era tremendo. Él les exigía que le contaran lo que hablaban con los novios. Les daba "consejos", les explicaba cómo eran los hombres y las hacía reír con chistes que había conseguido durante el día. Se acostaba con una, se cambiaba con la otra, lo bajaban al piso, a su colchón. Cada noche yo lo iba a sacar y ellas lo querían allí. Se estaban "despidiendo".

A media noche tocaban la marcha nupcial y su hermano las obligaba a practicar porque "se les iba a olvidar y no sabrían qué hacer en la ceremonia nupcial". ¡Qué lío! Mi esposo los escuchaba y se ponía feliz.

— ¡Qué lindos son nuestros hijos — me decía.

— Si — contestaba yo —, pero necesito dormir. ¡Cómo molestan!

— Ya dormirás cuando las nenas se vayan. Déjalos que gocen.

La noche anterior a la boda mis hijas estaban nerviosas. Nuestros cuartos estaban divididos por una pared de madera que quedaba a mi cabecera y yo me la pasaba golpeando la pared para pedir silencio. De repente, ya no escuché nada. Mi esposo, quien andaba por la cocina, entró a la habitación. Sus ojos estaban llenos de lágrimas.

— Me asomé a la habitación — me dijo —, y los tres están orando juntos. Creo que Dios nos ha auxiliado para inculcarles verdaderos valores eternos.

Yo también lloré. Era la última noche que mis dos nenas compartían nuestro hogar como solteras. De repente, escuchamos grandes carcajadas:

— Ahí van nuevo — le dije a mi esposo.

Entramos a la habitación y los tres estaban doblados de la risa.

— ¿Qué pasa ahora? — les pregunté.

Bellita contestó entre risas:

— Es que yo no me podía dormir. Becky me dijo que contara ovejitas. Yo le dije que ya las había contado. Entonces Junior me dijo: 'Pues entonces, ponte a contar invitados.'

La risa volvió a ser nuestro desahogo.

Una boda hermosa

La boda era en la noche y yo aproveché la mañana para llamar a cada hija para orar con ella. Mis palabras fueron las de sus años de crecimiento:

— Hijita, siempre seré tu madre. Uno nunca deja de ser padre y madre. Recuerda que si uno conoce su llamado, el evangelio, su misión y a uno mismo, toda la vida y el ministerio puede ser llevado con amor, gozo y paz. Recuerda que has sido llamada al ministerio cristiano. Nunca claudiques. Aunque te traten mal, aunque las cosas no sucedan como tú las quieres, aunque te critiquen, aunque sufras, no renuncies, no 'cuelgues los tenis ni la Biblia'. El llamamiento de Dios es sin arrepentimiento. Él espera que seamos fieles en el lugar adonde nos ha llamado, no importando las circunstancias. Nunca esperes ni recompensa ni reconocimiento. Sé fiel y sé feliz.

Para las seis de la tarde mis novias estaban listas para las fotos. Se veían preciosas. No me cansaba de observarlas. En su frente no había sombra ninguna de duda, ni de pena. Todo era felicidad.

La iglesia estaba llena de gente que admiraba el hermoso arreglo y la música suave.

Desfilé del brazo de nuestro hijo, quien tuvo que usar corbata, hacia el frente para esperar a las novias. Se escuchó la marcha nupcial y desfiló mi esposo llevando del brazo a nuestra hija mayor, Bellita. Yo la miraba desde el frente con su rostro radiante de felicidad. Sonreía a todos los presentes. Al llegar adonde yo estaba, de repente me miró, dejó el brazo de su padre y me extendió sus brazos. La abracé con todo mi corazón. Eso no se había ensayado. Le nació del corazón.

Su padre procedió a entregarla, a dejarla junto a su novio, y mientras se escuchaba una melodía, regresó corriendo por la puerta posterior a traer a la otra. Yo, sentada allí, pensé: *Y ahora, ¿qué hago? Becky no sabe lo que hizo Bellita y se va a ver muy mal que ella no me abrace.* Pero no podía preocuparme por eso. Nos pusimos de pie para ver desfilar a la segunda.

Igual que su hermana, iba preciosa. Y lo mismo que su hermana, sin saber nada, sin haberlo ensayado, dejó el brazo de su padre y me abrazó con gran amor. Hasta el día de mi muerte recordaré ese momento. No creo que mis hijas comprendan lo que eso significó para mí. Sentí que era una confirmación de ellas que me amaban, que me aceptaban con todos mis errores de madre y que apreciaban mi enseñanza.

El servicio transcurrió con inspiración. Los novios habían pedido que al final se anunciara a la congregación que cualquier persona que tuviera inquietudes o necesidades espirituales lo expresara para ayudarle. Querían darle la oportunidad a amigos inconversos de llegar a conocer a Jesús.

Durante las felicitaciones, un pastor amigo se acercó a mi esposo y le dijo:

— Hermano, lo felicito. ¡Qué boda más hermosa! Pero, dígame, ¿dónde consiguió usted dos jóvenes como éstos, muy apuestos y consagrados?

— Fue muy fácil — le contestó mi esposo —. Fueron veinte años de oración.

La recepción fue en un hermoso salón y los novios la gozaron. Después estaban listos para irse en su luna de miel. Primero tendrían que ir a la casa a cambiarse. Se fue la primera pareja y a los quince minutos la otra. Creo que no podían aguantar más.

Nosotros, como anfitriones, nos quedamos atendiendo a los invitados. Por fin, cerca de las tres de la mañana, llegamos a nuestra casa, muy agotados. Allí estaban los cuatro, sentados en la sala, comiendo, riéndose y esperándonos para despedirse. Nos sentamos un buen rato a hablar de la boda, a mirar los regalos y a reírnos de las cosas jocosas que habían sucedido.

Al día siguiente mi esposo me llevó de luna de miel. Hasta ahora no comprendo para qué. Llegué al hotel y ¡dormí casi por toda una semana!

Y principió una nueva etapa de mi vida de mamá. Tenía dos hijas casadas, así que tenía que ser suegra; tenía un hijo en casa, de modo que seguía educando y siendo mamá. Me vi obligada a acostumbrarme a la ausencia de mis hijas.

Ellas comenzaron su vida de casadas como muchas parejas, limitadamente, pero felices. Guillermo y Bellita vivían en el seminario donde estudiaban. Su apartamento consistía de un cuarto pequeño con un baño pequeñito. Nos pidieron que les visitáramos y Bellita nos mostró su hogar. Al entrar estaba la cama y una mesita de noche; ese era el dormitorio. Seguido estaba un escritorio; ese era el estudio. Luego había una hornillita para cocinar con un mueblecito donde ponía sus platos; esa era la cocina. Le seguía el bañito y allí terminaba "la casa".

— ¡Qué lindo — le dije —, así no tienes mucho que limpiar!

Enrique y Becky rentaron un apartamento pequeño. Ellos contaban con un poco más de espacio. Pero resultó que a los dos meses vinieron una tarde muy tristes a decirnos que al regresar a su apartamento habían encontrado que los ladrones les habían robado casi todo. ¡Cómo me dolió! Sus regalos de bodas, sus cositas nuevas, se las habían llevado los "amigos de lo ajeno".

— Bien, hijos — les dijo mi esposo —, ¿en qué podemos ayudarles?

Con pena, Enrique dijo:

— ¿Podríamos vivir con ustedes en lo que decidimos qué hacer?

— Por supuesto — les dijimos —, siempre estaremos para ayudarles. Nunca dejaremos de ser sus padres.

Inicié así otra etapa de mi vida. Cuando nuestros hijos por diferentes circunstancias han tenido que vivir con nosotros, he pedido a Dios ser sorda, muda y ciega. He compartido con amor todo lo que Dios nos ha concedido tener. Quiero que sientan que nuestra casa siempre es su casa.

Debo confesar que no ha sido fácil. Soy una mujer muy independiente y me gusta la privacidad y el poder dar libertad a mis expresiones sin tener mucha gente a mi alrededor. Pero algo se tiene que sacrificar por mantener una relación feliz, amistosa y abierta con los hijos. Debo negarme a mí misma: mis derechos, mis deseos, mi comodidad, mis caprichos, para ayudar a los que tanto amo.

En esos días memoricé con gratitud un precioso versículo: "Él es el objeto de tu alabanza y él es tu Dios, que ha hecho contigo estas cosas grandes y terribles que tus ojos han visto" (Deuteronomio 10:21).

Capítulo nueve

Mi hijo
se casa

He aquí, herencia de Jehová son los hijos; cosa de estima el fruto del vientre.

Salmo 127:3

*H*abían transcurrido casi quince años desde la boda de nuestras hijas. Nuestro ministerio estaba floreciente y seguíamos gozosos en el servicio del Señor, aunque las pruebas, las luchas y las enfermedades no dejaron de azotar nuestro hogar y ministerio. Hasta hoy no he llegado a conocer a ningún ministerio ni hogar de obrero cristiano que no sea sacudido por recia lucha espiritual. Nosotros no éramos diferentes.

Nuestra casa volvía a oler a boda. Junior, nuestro hijo varón, se casaba. ¡Aquello era algo insólito, increíble! Cuando cumplió los veinticinco años comencé a pedirle que se casara.

— Hijo, cásate — le decía —. Si me muero, te quiero ver con tu hogar ya formado.

— Mamá, no te vas a morir — me respondía —. ¿Para qué me caso? Aquí tengo todo lo que quiero. Mi cuarto limpio, mis instrumentos musicales, comida rica, ropa planchada. Yo soy feliz en mi casa.

A nosotros no nos estorbaba; pero yo quería verlo enamorado y feliz. Sus hermanas lo molestaban: "Junior, conocimos a una linda chica en el seminario. Te pagamos para que salgas con ella."

Se notaba que no tenía ninguna prisa.

Una noche, le recordé que su padre y yo orábamos a diario por su futura esposa.

— Sigan orando — me respondió —. Eso sí, mamá, te prometo que en cuanto la encuentre tú vas a ser la primera en saberlo.

Tenía muchos amigos. El teléfono no cesaba de sonar. Salía de vez en cuando con alguna buena chica y por allí tuvo sus noviecitas; pero no pasó a nada serio. Yo le recomendaba que se cuidara, porque vivimos en tiempos difíciles no sólo para las mujeres, sino también para los jóvenes varones.

Mi temor era que alguna señorita mal intencionada lo acusara de estar esperando un hijo de él. He visto mucho de esto. Y con persistencia lo encomendaba a Dios para que lo protegiera.

Dios llevó a nuestro hijo por senderos de mucho dolor. Estuvo enfermo muy gravemente en sus años de estudios universitarios. Tuvo problemas para su ubicación en el ministerio cristiano. Ha sido objeto de mucha crítica y malos entendidos. Pero, ¿quién no ha pasado por eso? Como sus padres, lo sostuvimos siempre, sabiendo que Dios algún día nos concedería verlo entregado por completo a su obra.

Un día me pidió que lo escuchara.

— Ha llegado el momento de decirte que he encontrado una chica especial — me dijo —. Se llama Any, y me estoy enamorando de ella. La conoces porque es tu alumna. Pero no quiero que absolutamente nadie sepa de esto.

Yo brincaba de felicidad. ¡Qué agonía no poder contárselo a nadie! Pero se lo conté a mi Padre celestial. Cada momento del día oraba. En el colegio y en mi clase la observaba. En el campamento donde prediqué fue una de las primeras en levantar la mano y pasar al frente al aceptar el llamado al ministerio cristiano. Eso llenó mi corazón de felicidad. Era un buen comienzo, pues yo le había pedido a Dios que le diera a mi hijo una esposa que tuviera llamamiento al ministerio para que de veras fuera una ayuda idónea. Me propuse orar mucho por ella y por su preparación para ser esposa de alguien como nuestro hijo. ¡Esa era una empresa de palabras mayores!

En el último año de estudios de Any mi hijo habló con sus padres y con ella. Venía de un hogar integrado, bien cimentado en la Palabra de Dios. Sus padres son buenos cristianos; pero no recibieron la noticia con alegría. La veían muy jovencita y tenían otros planes para ella. Mi hijo lo entendió. Le pidió que se fuera un año a los Estados Unidos a estudiar, que orara y lo pensara bien. Le explicó las demandas que como su esposa tendría, y lo que significa ser esposa de un ministro de Dios.

Le felicité por su madurez.

— Toma las cosas con calma — le dije —. Formar un hogar no es cosa de juego. Dale oportunidad a ella de arrepentirse y a Dios de guiarla. Si Any es para ti, Dios te la guardará y te la dará a su tiempo.

No perfecto, pero fiel

El año pasó y la jovencita estaba más enamorada que nunca de Junior. Él no la bombardeaba con cartas pero periódicamente la llamaba por teléfono y tenían largas conversaciones, sobre todo acerca del ministerio. Nosotros orábamos mucho.

Cuando regresó, pude platicar con ella a otro nivel. Quise que se sintiera cómoda y le hablé muy francamente.

— Any — le dije —, quiero que sepas que hemos orado por ti durante veintinueve años. Dios te ha escogido para ser la esposa de nuestro hijo. Quiero que sepas que ser su esposa no será fácil. Él es un hombre hiperactivo, soñador y creativo, y tiene una personalidad muy fuerte. Esa clase de gente causa muchos problemas a nivel de relaciones interpersonales. Quiero que sepas que la que más conoce los defectos de Junior soy yo, porque he vivido con él casi treinta años. Tienes que estar muy segura de que lo amas mucho, porque lo que la Biblia dice es verdad: 'El amor cubre multitud de errores.' También te aseguro que como todos nosotros, tiene virtudes muy singulares. Jamás te va a maltratar. Es discreto y cariñoso. Tiene un alto concepto de la mujer y, por lo tanto, siempre te va a respetar.

"Dios le ha dado el don del servicio y te servirá siempre con amor, así como me sirve a mí. No es orgulloso y tiene un sentido muy profundo de la santidad de Dios. No esperes que sea perfecto. No lo es. Pero te será fiel. Si él promete delante de Dios amarte, cuidarte y protegerte, lo hará. Por otro lado, no tengas miedo, hijita. Mucha gente espera que Junior se case con alguien como yo. ¡Qué bueno que no lo hace! Si se casara con alguien como yo, los dos explotarían. No trates de ser como yo. Dios te ha dado a ti dones y talentos diferentes a los míos.

"No hagas caso de las críticas ni los argumentos de la gente. El mundo tiene expectativas muy altas para ti. No las escuches. Tú debes ser tú. Te vamos a amar así, tal como eres. Que nadie te diga lo contrario. Yo no voy a esperar que seas como una de mis hijas o de otra forma. Eres linda y te voy a amar como mi propia hija, tal como tú eres. Como no vienes de un hogar de pastores, no entenderás al principio por qué actuamos de una u otra forma. Vas a aprender. Confía siempre en tu amado. Dile a él todas las cosas.

Recordaba con frecuencia mis primeros años como esposa. Cuánto hubiera deseado que alguien me hablara así. Luchaba tanto por llenar las expectativas de la gente que casi me quebraba. Fueron años muy dolorosos para mí. Por eso, al verla a ella, la amé y me propuse contribuir lo más que pudiera a su felicidad.

Empezamos a planificar la boda. Por gracia de Dios, contábamos con la gran ayuda de nuestra hija mayor. Becky, la menor, ya había partido con su esposo a los Estados Unidos para ser misioneros al pueblo hispano. Ellos estaban lejos; pero estaban al tanto de todo.

Alegría y olor a boda

La casa volvía a oler a boda y a reventar de alegría.

El ser suegra de una nuera es muy diferente a ser suegra de yernos. El sentimiento generalizado es que a la madre le cuesta más ver que su hijo transfiere sus afectos a otra mujer. En realidad, el problema radica en que las dos aman al mismo hombre.

Decidí enfrentar todo esto con oración. No sé cómo lo enfrentan otras mujeres. Por los problemas que me llegan a consejería creo que sus métodos no funcionan muy bien. Yo seguí el camino ya aprendido. A mí *siempre* me ha funcionado la oración. Para mí ha sido un estilo de vida auténtico y espontáneo. Y todos estos años, Dios ha contestado mis oraciones de maneras diferentes e inesperadas. Pero siempre ha contestado. Nunca ha vuelto el rostro de nuestros problemas familiares.

La lucha en oración nunca es fácil y aún tengo mucho que aprender. Confieso que no soy muy persistente como debiera ser y me impaciento porque no veo que Dios tenga prisa y yo sí. Él contesta a su tiempo y cuando Él quiere, porque es soberano. La Palabra de Dios dice en Deuteronomio 4:35: "A ti te fue mostrado, para que supieses que Jehová es Dios, y no hay otro fuera de él."

Cuando hacemos de la oración un estilo de vida, nos encontramos orando por todos y por todo a nuestro alrededor. Aprendemos a incluir a Dios en cada circunstancia. Eso no significa que ya no tenemos intelecto para decidir cosas por nosotros mismos. Quiere decir que deseamos que Dios, como nuestro Padre, dirija nuestras decisiones para que nuestro pie no resbale. Las Escrituras están llenas de promesas para aquel cuyo corazón está en los caminos de Jehová (véanse Salmos 1:3; 37:31; 84:5).

La oración es una constante batalla espiritual. Si hay algo que Satanás odia es un cristiano que ora. Dios me ha enseñado que la lucha espiritual no se gana con activismo, ni cambiando de actividad, y menos cambiando de lugar geográfico. Se gana orando.

Años atrás, en una época angustiosa que pasamos por la rebeldía de nuestro hijo, le rogué a mi esposo: "Vámonos de aquí. Mudémonos a un lugar donde nadie nos conozca. Así nadie se dará cuenta de lo que estamos viviendo."

Mi deseo de hacer el menor esfuerzo posible me llevaba a decir necedades. Tuve que aprender a luchar en oración por mi hijo; a proponerme ganar la batalla y no dejar que Satanás nos derrotara. Luché a brazo partido y con furia contra el enemigo. No dejé que triunfara. Quien triunfaría iba a ser yo, gracias al poder que actuaba en mí (véase Efesios 3:20).

¿No es acerca de esto que cantamos en nuestras iglesias? Miro a mi alrededor y observo; la gente canta y aplaude, algunas personas gritan, otras levantan sus manos al cielo, otras transforman su rostro y cierran sus ojos . . . y al salir de la iglesia, requieren mis servicios como consejera para contarme una serie de problemas que parecen no tener solución. ¿Dónde está, entonces, ese poder del cual cantan? ¿Cómo puede una madre proteger a sus hijos de Satanás? Solamente por la oración.

Cuando Junior estaba planeando su boda, escribió uno de los himnos más hermosos que he escuchado.

"En mi vida sólo hay lugar para Jesús,
Lo demás está al pie de su cruz.
Pues, Señor, eres primero en mi vida.
Nada, ni nadie están antes que tú,
Y allí has de permanecer.
Eres el último a quien le hablo en la noche,
Y el primero en quien pienso, al amanecer.

La noche que lo escribió lloré por largo tiempo. Estaba agotada por la batalla. Me había dejado heridas muy hondas. Ahora, desde su habitación, mi hijo componía un himno con esa bella letra. La frase que más me impresionaba era: "Nada, ni nadie están antes que tú."

Esa había sido mi perenne oración por mis hijos: que nunca pusieran a nadie antes que a Jesús. Mi anhelo era que Él siempre ocupara el primer lugar en la vida de ellos. Así, como madre, yo estaría segura de que su pie jamás resbalaría. No tomarían decisiones equivocadas y todo les saldría bien.

¡Cuánto tiempo malgastamos las madres peleando, discutiendo, confrontando y tratando de convencer a nuestros hijos, cuando Dios lo puede hacer a su manera y a su tiempo.

Junior se aseguró que su futura esposa entendía quién ocupaba el primer lugar en su vida. Esto es muy importante para los jóvenes que son discípulos comprometidos con Jesús. Merecen que los orientemos antes de casarse para que la novia entre a esa etapa de su vida conociendo bien el sentimiento y la entrega de su futuro esposo.

La noche de su boda fue muy especial. Más de mil personas presenciaron el inspirador servicio. Le dije a mi hijo que todos queríamos estar seguros que de veras se casaba. La novia estaba más preciosa que nunca. Any, de por sí, es una chica muy linda. Razón tuvo mi hijo para enamorarse. Los dos quisieron que al estar arrodillados, pastores y siervos de Dios les impusieran manos para dedicarlos al ministerio cristiano. ¿Se imagina mis pensamientos y el sentimiento agradecido de mi corazón? Era una demostración más de que Dios *sí* contesta la oración de una madre.

Al bajar de la plataforma, los dos fueron a abrazarme. Yo abrí mis brazos y mi corazón a mi nueva hija. La hemos llegado a amar como nuestra. Trato de servirle en lo que puedo. De vez en cuando le doy algún consejito. Realmente no lo necesita. Ha sido una magnífica esposa y si hace feliz a mi hijo, yo la amo.

Ahora, en lugar de ser mamá de tres, era mamá de seis. Dios me redoblaba la responsabilidad.

Pero me adelanto a los acontecimientos . . .

Capítulo diez

Mi nena
me hizo abuela

Os alegraréis, vosotros y vuestras familias, en toda obra de vuestras manos en la cual Jehová tu Dios te hubiere bendecido.

Deuteronomio 12:7

*U*na tarde lluviosa, estaba en mi habitación estudiando mi Biblia. De pronto, escuché voces. Eran Enrique y Becky con mis otros hijos.

— Cierra los ojos, mamá, y ven con nosotros — me dijo Becky.

Riéndose todos me taparon los ojos, me sacaron del cuarto y me llevaron a la sala.

— Siéntate — me indicaron.

Temerosa me senté y sentí que la silla se movió. Me destaparon los ojos y me contemplé sentada en una hermosa y gran mecedora.

— ¡ABUELITA! — gritaron todos.

Venían de la clínica del médico donde minutos antes le habían confirmado a Becky su embarazo. ¡Qué manera de darme la noticia, regalándome una mecedora!

Pero yo ya había llorado un poquito. Mi hija Bellita me había comentado en días anteriores que parecía que Becky estaba esperando bebé.

Cuando me puse a llorar, ella me reclamó:

— Mamá, no llores. Deberías estar contenta.

Y tenía razón. Lo único es que ella nunca entendería por qué lloraba. Yo derramaba lágrimas porque sabía que el momento en que mi hija fuera madre, su vida jamás iba a ser la misma.

Una vez madre . . . siempre madre. Las etapas y las edades de los hijos cambian; pero la madre siempre está allí velando por ellos. Está al pendiente de cada uno. Lleva sus cargas y sus problemas, y se goza con sus triunfos.

Mi corazón de madre nunca ha sido libre de cargas desde el momento que di a luz por primera vez. Me atrevo a decir que la madre lleva las cargas desde el vientre. Su cuerpo experimenta muchos cambios, dolores y achaques. Tiene que estar al tanto del movimiento de su bebé en el vientre. Si no hay movimiento, debe reportarlo al médico. Cuando nace, tiene que estar velando el sueño y la respiración de su bebé. Es un proceso interminable . . .

Yo me alegraba por Becky; pero pensaba en su embarazo. Principié a llevar esa carga. Ella estaba feliz. Tomados de las manos nos unimos alrededor de Becky. Mi esposo y yo pusimos nuestras manos sobre su vientre y dedicamos el bebé a Dios.

En esos días, comencé a pedirle a Dios que me enseñara a ser abuela. No quería ser cualquier clase de abuela; deseaba poner algo de mí misma en mis nietos. No sentí peso de edad. He escuchado a mujeres contarme que se deprimen porque se dan cuenta de que ya tienen más de mediana edad y sus hijos las están haciendo abuelas. Por mi mente nunca pasó eso.

Considero que nuestra sociedad pone demasiado énfasis en la vanidad de la mujer. No hay mujer que haya podido vencer el envejecimiento. Se puede alterar el envejecimiento con químicos especiales y cambiando el color del pelo; pero detenerlo, no. Nadie puede detener el tiempo. Por eso hay que vivir cada momento al máximo, ya que ese momento no regresa.

Cuando mis hijos estaban pequeños hubiera querido detener el tiempo. Pero ahora que los veo con hogares formados, no hubiera querido perderme esa experiencia.

Aprender a ser abuela

"Señor — le dije a mi Padre celestial —, ahora tienes que enseñarme a ser abuela. Parece que nunca terminarán las cosas que necesitas enseñarme. Me enseñaste a ser mamá, luego suegra; ahora necesito aprender a ser abuela. Hazlo, Padre; ¡enséñame! Trataré de ser buena alumna."

Muy a menudo, en el afán de la vida y la frecuencia con que observamos los nacimientos de bebés, se nos olvida meditar sobre el milagro de la vida. Con cada nacimiento, Dios principia una nueva vida en la tierra. La participación de Dios mismo, de su poder y su sabiduría en cada bebé es algo que debe hacernos alabarle. Yo oraba por mi hija, visualizaba su vientre y le pedía a Dios su intervención divina en la vida que allí estaba latiendo.

Cuando la veía decaída, le urgía a que descansara y se relajara. Su esposo velaba por ella con amor y cuidados múltiples.

No todas las mujeres gozan de esos cuidados en tiempos de embarazo. Por eso, cuán importante es hacer las cosas bien desde un principio. Si la pareja atiende los mandamientos de Dios y los obedece, garantiza la bendición de Dios sobre su cuerpo. Nada podrá suceder que no sea su divina voluntad. Sentí la necesidad de entregar a mi bebé-nieto al Espíritu Santo.

En Lucas, capítulo 1, tenemos el relato de la experiencia de Zacarías, el sacerdote del Señor; fue algo extraordinario. Él estaba ejerciendo su sacerdocio cuando junto al altar se le apareció un ángel. Lo primero que el ángel le dijo fue: "No temas."

Es dato interesante comprobar que en los capítulos que relatan el nacimiento de Jesús aparece tres veces el ángel: una vez a la virgen María; otra vez a José, su prometido; y también a Zacarías. Las tres veces trae el mismo mensaje: "No temas." Ese era el mensaje que yo tenía para mi hija: "No temas."

Un dato muy especial en el relato de Zacarías es la promesa dada por Dios que Juan, el bebé de Elizabet y Zacarías, sería lleno del Espíritu Santo *desde el vientre de su madre* (Lucas 1:15). ¿Por qué no podía yo pedir lo mismo para nuestro bebé que venía en camino?

A través de estas páginas quisiera retar a las madres jóvenes que me leen para que sean valientes y le pidan a Dios que derrame su Espíritu sobre sus bebés, aun desde que están en el vientre. Nacerán en un mundo tan malo, hostil y perdido que la protección y la unción del Espíritu de Dios es algo indispensable.

Todos los días oraba por nuestro bebé: "Señor, úngelo con tu Espíritu. Dale tu poder, tu santidad, tu sabiduría." Le recordaba a Dios su promesa de Isaías 44:3: "Mi Espíritu derramaré sobre tu generación, y mi bendición sobre tus renuevos." Sus padres ya lo habían dedicado a Dios, lo cual me llenaba de alegría; pero quería que supiera que su abuelita jamás dejaría de orar por él.

El embarazo se presentó con ligeras crisis. El día anunciado llegó y nos hicimos presentes en la clínica para "hacerle porra", es decir, animar y alentar a nuestra nena que nos iba a hacer abuelos.

Yo hubiera querido estar en esa cama. ¡Cómo me dolía verla sufrir! Su suegra y yo no nos separamos de ella. Enrique se

paseaba nervioso con mi esposo y las horas pasaban lentamente
. . . muy lentamente. Mi nena me miraba con ojos hundidos en
la angustia. Yo le rogaba ser fuerte y ser valerosa. El médico
entraba cada media hora y el alumbramiento se presentaba
traumático. Hubo momentos en que luchamos contra la muerte
misma. ¡Pero Dios estaba en esa habitación!

La suegra de mi hija se fue a un rincón de la habitación y se
arrodilló a orar. Jamás tuve tanta gratitud a Dios de que haya
guiado mis oraciones años antes pidiéndole suegras consagradas
para mis hijas. Ahora, en momentos de crisis, era propicio clamar
a Él. Esa mujer no se levantó de sus rodillas hasta horas después
que trasladaron a Becky al quirófano. Nunca podré agradecerle
lo suficiente por habernos sostenido de esa manera humilde y
muy poderosa.

Mientras atendía a mi hija, la sentaba, le daba masajes y le
limpiaba el sudor, también le citaba versículos de la Biblia. Me
había preparado para este parto memorizando versículos, como
el Salmo 22:9-10: "Pero tú eres el que me sacó del vientre; el que
me hizo estar confiado desde que estaba a los pechos de mi madre
. . . desde el vientre de mi madre, tú eres mi Dios"; "Tus manos
me hicieron y me formaron" (Salmo 119:73); "Porque tú formas-
te mis entrañas; tú me hiciste en el vientre de mi madre. Te
alabaré . . ." (Salmo 139:13-14).

La complicación no ameritó operación. Era precisamente por
lo que orábamos. Dios intervino esa madrugada y el llanto de
nuestro nietecito llenó la clínica y nuestro corazón de gran gozo.

Un niño muy especial

Ese niño ha sido muy especial para toda nuestra familia. Nos
resultó un bebé muy serio. Le cantábamos, le hacíamos cosqui-
llas, jugábamos con él y siempre presentaba una carita seria,
mirándonos a todos haciéndole chifladuras. Le encantaba sentarse en mi regazo y que le leyera un cuento. Su mamá mantenía
música y libros cerca de su camita; pero en cuanto me veía,
corría, señalaba mi regazo y gritaba: "Aquí . . . ¡Aquí!" Por
supuesto que yo no dejaba pasar ninguna de esas oportunidades.

Fue creciendo feliz al lado de sus padres que se esmeraban por
él. En el colegio se destacó por su dedicación al estudio y a la
lectura. Aprendió de su tío Junior a manejar un equipo de sonido

y a servir en la iglesia en ese renglón. Pronto su abuelito empezó a enseñarle a jugar baloncesto. Poco a poco se destacó en ese deporte y cuando estaba en quinto grado de primaria fue escogido para integrar el equipo representativo de su escuela. Ha desarrollado un gran interés por el deporte. Su juventud está llena de actividades sanas.

Con todo lo que el mundo y la sociedad ofrece a nuestros niños y jóvenes, estoy convencida que, más que nunca, los padres y los abuelos debemos buscar pasatiempos sanos para ellos. Debemos dedicar tiempo para platicar, pasear y jugar con ellos.

Aquel ceño serio que tenía de bebé lo fue perdiendo para dar paso a ser un adolescente simpatiquísimo, muy platicador, amigable y servicial. Le agradezco a Dios que mis hijos no me han negado el privilegio de que nuestro nieto, Héctor, esté con nosotros por largos días en vacaciones y que podamos invertir en su preciosa vida.

Cuando tres años después Dios les hizo a Enrique y a Becky el regalo de una nenita, pasamos por la misma experiencia. El Espíritu de Dios está en ella. Su mayor deseo es servir a Dios como maestra, cantante y misionera. Se esfuerza en agradar a su Señor con altas calificaciones y una conducta respetuosa y obediente.

¡Qué gozo ha sido ver a nuestros nietos crecer! Y he aprendido mucho como abuela. Una de las primeras cosas que me propuse fue que jamás daría órdenes contrarias a las que dieran sus padres. Yo quería ayudar a cuidarlos, atenderlos, transmitir algo de mí misma a su vida; pero sus padres no podrían confiármelos si yo me portaba como abuela consentidora y no respetaba las reglas que ellos determinaban. Lo mismo les dije a todos los de la familia:

— Aquí se respetará siempre lo que digan Enrique y Becky en cuanto al cuidado de los nenes.

Si sus padres permitían que se quedaran a dormir con nosotros (cosa que a ellos les encantaba); pero decían que no podían ver televisión, así se hacía. De esa manera nuestros nenes crecieron con un sentido muy firme de disciplina, siempre obedeciendo las reglas y escuchando a sus padres, y con familiares que los amaban entrañablemente.

El papel de los abuelos

Un mal endémico en nuestra sociedad es el concepto erróneo del papel de los abuelos. Cuando una jovencita ha pecado y resulta embarazada, la regañan y la maltratan, y en algunas ocasiones hasta la echan de su casa. Pero en cuanto nace el nieto todo se olvida. Reciben al bebé como si nada hubiera sucedido y vierten en él todo lo que no hicieron con la hija cuando más lo necesitaba. Esta situación es muy común en nuestros países latinos. No sólo es muy común, es muy dañina.

Otra circunstancia es la de los abuelos "acaparadores". Hay abuelos que literalmente le quitan la responsabilidad de ser padres a sus hijos. Si por circunstancias especiales los padres no pueden ser padres, ellos deben ver cómo resuelven ese problema. Es su responsabilidad ver por los hijos que Dios les ha dado. La Biblia, principalmente en el Antiguo Testamento, y en especial en el libro de Deuteronomio, menciona repetidas veces la responsabilidad de los *padres* de criar a sus hijos en el temor de Jehová. También menciona el papel de los abuelos, como lo veremos más adelante; pero la mayor obligación la deben llevar los padres.

En Deuteronomio 5:29 dice: "¡Quién diera que tuviesen tal corazón . . . para que *a ellos* y *a sus hijos* les fuese bien para siempre!" En Deuteronomio 29:29 se añade esto: "Las cosas secretas pertenecen a Jehová nuestro Dios; mas las reveladas son *para nosotros* y *para nuestros hijos*." En Deuteronomio 31:12-13 nuestro Dios ordena: " . . . para que oigan y aprendan, y teman a Jehová vuestro Dios, y cuiden de cumplir todas las palabras de esta ley; y *los hijos de ellos* que no supieron, oigan, y aprendan a temer a Jehová." En Deuteronomio 32:46 el mandato es: "Aplicad vuestro corazón a todas las palabras que yo os testifico hoy, *para que las mandéis a vuestros hijos*."

La Constitución del Hogar, en Deuteronomio 6:5-9, ordena que los padres eduquen a sus hijos en la Palabra y el temor de Dios. ¿Cómo esperan los padres cumplir con todo esto si no viven con sus hijos?

Le he pedido a Dios que mi amor de abuelita no sea demasiado protector; que sepa el lugar que me corresponde y que no intervenga indebidamente en la educación de los nietos. Lo que hago es orar por sus padres, para que el Señor les llene de sabiduría y cordura al educar a sus hijitos. Lo que les enseño, y a veces sugiero, es conforme a la Palabra de Dios y no conforme a lo que se hacía "en mi tiempo". Trato de aprender lo más posible de su generación y las diferentes presiones que reciben de un mundo cambiante a todo nivel.

Desde los primeros años de matrimonio me propuse hacer de mi hogar un lugar de desahogo para mis hijos. Ya casados, por lo general, llegaban a comer con nosotros el día domingo. Venían de la iglesia cansados. Habían enseñado en la Escuela Dominical, habían predicado, habían dado consejos y atendido a la gente. Venían cargados con los problemas de los demás. Muchos domingos mi esposo y yo nos encontrábamos en la misma situación. Así que para cuando servía la comida, lo que todos queríamos era descansar.

Nuestra regla tácita es que en la mesa no se hable de problemas. Muchas veces antes de orar alguno decía: "Demos gracias al Señor porque esta mañana prediqué y seis personas se entregaron a Cristo." Eso nos daba mucho gozo y le agradecíamos a Dios haber usado a alguien de la familia para que la gente llegara a Jesús. Pero plantear problemas de la iglesia, expresar molestias o desacuerdos, era prohibido. Relatábamos cosas alegres y bellas del culto; hablábamos de política, de las noticias, de lo acaecido en nuestro medio esa semana. No faltaba que varios contáramos los últimos buenos chistes.

Yo quería proveer un ambiente de paz, de tranquilidad; un oasis para nuestros hijos. Ellos esperaban esos lindos ratos con ansiedad; eran tiempos de desahogo de presiones emocionales, espirituales y ministeriales.

Oración por mis hijos

Ya formados los tres hogares, un día le pedí a mi esposo que pusiera la foto que tenemos de las tres parejas en la pared del lado de nuestra cama. Nuestra hija y mi esposo me dijeron:

— ¿Por qué no la pones en la sala? Allí todo el que entra la admirará. En tu habitación sólo tú la vas a ver.

No les di explicaciones, sólo les rogué que hicieran lo que había pedido. Ellos no recapacitaron en mi diaria y primera actividad de la mañana: orar por mis hijos. Despierto, miro la foto, fijo la mirada en cada rostro y oro por cada uno de ellos. Oro por las actividades que desarrollarán en ese día. Oro por sus necesidades, aunque no las conozca. Oro porque el Espíritu de Dios les conceda su poder y, sobre todo, su santidad. Oro por sus luchas espirituales.

Dios ha impresionado en mi corazón orar a diario por su vida matrimonial. Cubro esos matrimonios con la sangre de Jesús, algo que aprendí de Job 1:10. Frecuentemente le recuerdo a Dios que así como Él bendijo a Job y todo lo que tenía (incluso a sus hijos), puede hacer lo mismo con los míos. Le pido, como Job, que si alguno de mis hijos o mis nietos hubiera pecado contra el Señor, Él acepte mi ofrenda intercesora y les aplique su perdón por la sangre de su Hijo.

Oro ardientemente por el matrimonio de mi hijo Junior y su joven esposa, Any. Le pido al Señor que ella tenga paciencia y que siempre sea una mujer de Dios y de la Palabra. Oro con intensidad por el matrimonio de mis hijos misioneros: Enrique y Becky. Le pido a Dios que mi hija sea una esposa y madre fiel y consagrada. Oro por Enrique y su ministerio. Por sus tentaciones y sus debilidades, por sus triunfos y sus múltiples responsabilidades en una nueva y creciente obra. Paso a orar por el matrimonio de mi hija mayor. Oro con vehemencia y mucha fe que Dios conteste lo que le pido. A mis yernos y a mi hijo los cubro con la sangre del Cordero para que no caigan en tentación con la mujer extraña y pido que Dios los guarde de la concupiscencia de la carne y de los ojos, y del orgullo de la vida de éxito y bendición que están experimentando.

Oro por mis hijos, que sus cónyuges les tengan paciencia. Yo soy la que mejor conoce sus defectos. Oro que se mantengan unidos de corazón, mente y voluntad, por la fuerza enlazadora del Espíritu Santo. Es raro el día en que no hago tal ejercicio espiritual. Tal vez el lector piense que no tengo nada que hacer. No voy a explicar mis múltiples ocupaciones en estas páginas; pero mi prioridad es Dios y mi familia. Tal vez no puedo atenderles físicamente porque no viven conmigo; pero mis oraciones pueden alcanzarles y hacer una diferencia en sus vidas. Por eso dedico tiempo de orar por ellos.

Hay ocasiones en que un hijo necesita más oración que otro. Hay que ser sensibles a esta circunstancia. Cuando una oveja está herida el pastor se esmera en velar por ella. De esa manera

Dios ha guiado mi vida de oración. Cubro a ese hijo atribulado, débil o herido con oración día y noche.

Según lo indicado en Mateo 6:6, he aprendido a orar en silencio, y en mi aposento. Mi recompensa en público es ver a mis hijos sirviendo al Señor, fieles a su llamamiento, fieles el uno al otro, con hijos que están aprendiendo a ser fieles a Dios. A mis hijos no les sorprende entrar a mi habitación y verme estudiando mi Biblia. ¿Así la encuentran a usted sus hijos? ¿Es la Palabra algo vivo y necesario para su diario vivir? Más que ninguna otra cosa deseo que mis hijos me recuerden como una cristiana fiel y sincera.

Llegó el día en que Enrique y Becky llegaron a nuestra casa a decirnos que Dios les estaba llamando al campo misionero. Con lágrimas nos contaron que Dios los había estado guiando paso a paso. Llevaban varios meses de orar y ahora Dios, de forma muy clara, les abría la puerta. De inmediato pensé en mis nietos. Estaban creciendo a la sombra de sus abuelos y de toda nuestra familia. Eran nuestro gozo y consuelo. Aunque iba a ser penoso verlos irse, mi esposo y yo los animamos, oramos con ellos y los estimulamos todo lo posible a lanzarse por fe para hacer la voluntad de Dios y responder a su llamado.

Esa noche volví a derramar mi corazón ante el Señor. ¡Me sentía muy triste! No entendía por qué Dios me quitaba algo que yo amaba tanto. En la madrugada me levanté y fui a pelear mi batalla. Necesitaba urgentemente que Dios me hablara. Necesitaba su paz, su sostén, su entendimiento para comprender lo que Él estaba haciendo.

Dios llegó a platicar conmigo. Yo estaba angustiada y enojada. Él esperó a que yo me calmara para hablarme: "Beatriz, todavía no has entendido. Llevo años enseñándote. Me entregaste a tus hijos sin reservas. ¿Por qué no me quieres dar tus nietos? ¿Te he fallado alguna vez con tus hijos? ¿Les ha faltado algo? ¿He dejado de contestar tus oraciones por ellos? Entonces, confía en mí. Recibe con gozo ese llamamiento. Yo requiero que ellos vayan al campo misionero. Yo velaré por ellos. Así como he estado con ustedes, estaré con ellos."

Su paz descendió a mi corazón y mis lágrimas dejaron de fluir. Iba a ser fiel a la promesa que le había hecho a mi Señor muchos años antes. Como le había entregado mis hijos a mi Señor, ahora le entregaba a mis nietos, aunque eso parecía más difícil que lo primero.

Nadie supo de esta batalla espiritual; ¡pero la gané! Cuando el diablo llegó al día siguiente para desanimarme, yo estaba preparada con buenas defensas.

Mi hija me consultó sobre su hijo Héctor.

— Mamá, quiero hablarte de Héctor — me dijo —. Me están aconsejando que no lo saque del colegio. A él le gusta su colegio y no quiere irse de aquí. Es la mitad del año escolar. ¿Crees que es buena idea que consideremos dejarlo para que termine su ciclo escolar?

— Creo que no, hijita — le contesté —. No te separes de tu hijo. Yo con gusto lo tuviera viviendo conmigo; pero eso no es bíblico. La Biblia dice que Dios espera que los padres eduquen a sus hijos. Hay otra cosa, hija. El tiempo pasa muy rápido. Él está entrando a la adolescencia y es cuando más necesita a su padre. Muy pronto será un joven universitario y se irá de la casa. Llévatelo contigo. No lo separes de ustedes.

Varias veces durante las semanas de preparación oraba con mi hija. Juntas pedíamos a Dios su dirección perfecta en esta decisión. Tuvo que vender casi todo, guardar algunas cosas y preparar un viaje definitivo al extranjero.

Nuestra familia se separaba. Aunque no era la primera vez, todos sentíamos lo decisivo de esta separación. En nosotros, los abuelos, estaba la enorme tristeza de no ver crecer a nuestros nietos. La nena, con sus nueve añitos, era traviesa y muy risueña. A todos nos hacía reír con sus chistes. Ella era la que "cuidaba" a su abuelito. Muchas veces queríamos llevarla con nosotros a alguna parte; pero ella no iba si su abuelo no iba. Se quedaban los dos leyendo, platicando y, al fin, durmiendo.

Tuve que entrar en la etapa de aprender a orar por mis hijos que estaban lejos. Becky y los suyos fueron a los Estados Unidos a ministrar entre el pueblo latino. No podía comunicarme con ellos a diario, ni siquiera cada mes. No sabía sus necesidades ni conocía sus luchas. Tuve que aprender a ver la mano de Dios llenando esas necesidades sin que yo lo supiera.

No hay límite al brazo extendido de Dios. Es admirable cómo nuestra oración de madres, a miles de kilómetros de distancia, puede cambiar situaciones que nosotros desconocemos, sólo usando el recurso de la oración. Cuando oramos a Dios, Él vela por nuestros hijos y los guarda, no importa dónde estén los que amamos.

Cuánto ha alentado mi corazón la lectura de biografías de misioneros. Hubo quienes salieron de Inglaterra llevando consigo como baúl su féretro porque sabían que no regresarían vivos a su patria. Hay otros que se van y no vuelven a ver a sus familiares hasta después de cinco años. Hay otros que, sirviendo en regiones remotas, no tienen teléfono ni pueden viajar a ver a sus padres. Hay misioneros que recibieron la noticia triste de la muerte de un ser querido meses después que sucedió, por lo complicado de las comunicaciones.

Yo tengo a mis hijos tan cerca como mi teléfono. Es un pecado que me queje. ¡Qué poco he aprendido a sufrir por Cristo! Sí, deseo servirle; pero quiero todo cómodo y como a mí me gusta.

Mis oraciones siguen subiendo al trono de la gracia. El deseo más profundo de mi corazón es que mis hijos sean fieles a las promesas hechas a su Dios; que las cumplan. En ocasiones les recuerdo: "Hijos, no somos generales. Somos soldados rasos." Dios nos ha puesto en el frente del campo de batalla y espera que sus órdenes se cumplan sin discusión.

Las órdenes de mi Señor han sido muy claras y decisivas para mi vida de madre:

> *Por tanto, guárdate, y guarda tu alma con diligencia, para que no te olvides de las cosas que tus ojos han visto, ni se aparten de tu corazón todos los días de tu vida; antes bien, las enseñarás a tus hijos, y a los hijos de tus hijos.*

Deuteronomio 4:9

Capítulo once

Mi peregrinaje continúa

Dios es el que me ciñe de poder, y quien hace perfecto mi camino . . . quien adiestra mis manos para la batalla.

Salmo 18:32,34

*A*l cerrar las páginas de este libro, vienen a mi mente las palabras : "Y yo, fortalecido por la mano de mi Dios sobre mí . . ." (Esdras 7:28), y agrego: He llegado al fin de mi relato.

Uno de los problemas más serios que he enfrentado al vivir en mi "pecera" es tratar de cumplir con todas las expectativas que el pueblo evangélico tiene de mi papel como esposa de un líder y como madre de siervos de Dios. Tengo mucho anhelo de escribir más específicamente y en detalle acerca de mis experiencias personales en este aspecto. Basta decir por ahora que, después de caminar por ese sendero durante más de cuarenta años, considero que tratar de cumplir con todas esas expectativas es una pérdida de tiempo, energía y "baterías espirituales". Además, he descubierto que es una de las armas más poderosas de Satanás para desanimar a la mujer cristiana.

Por eso, he querido presentar con candidez y apertura mi experiencia en el peregrinaje maternal que he recorrido. He sido una madre imperfecta; he cometido muchos errores. Mis hijos son normales, se han equivocado y volverán a equivocarse.

A veces he agrandado las cosas y he interpretado actitudes y palabras de otros en el sentido que no fueron dichas. Mi mente me traiciona con frecuencia. Me imagino que otros están diciendo cosas que ellos ni siquiera han considerado.

Una madrugada Dios me reprendió por esto. Me llevó al Salmo 13 y comprobé que David tenía el mismo problema. Ponía en su mente y corazón pensamientos que le causaban tristeza. El versículo 2 dice: "¿Hasta cuando PONDRÉ consejos en mi alma, con tristezas en mi corazón CADA DÍA?" Si David, el dulce cantor y gran rey de Israel, el salmista amado, tenía ese problema, ¿cuánto más lo tendré yo que no soy ni pastor, ni teóloga, ni presidenta de un comité?

Al meditar en el versículo, quise saber cómo David resolvió su problema, porque yo necesitaba resolver el mío. Aprendí que David . . .

- Confió en la misericordia de Dios (v. 5).
- Forzó su corazón a alegrarse en la salvación que Dios imparte (v. 5).
- Alabó al Señor por lo mucho que lo había bendecido (v. 6).

De nuevo, con lágrimas, le di gracias al Señor por enseñarme una gran lección. ¿Por qué voy a poner en mi mente pensamientos que me causan tristeza? Si hay hermanos en la fe que no me aceptan, o que critican y dañan a mi familia, el problema es de ellos, no mío. Mi responsabilidad es mantener mi mente confiando en Dios, con mi corazón alegre por ser partícipe de una salvación eterna, y cantar al Señor por sus grandes bendiciones.

Durante los largos meses que tardé en escribir este libro, Dios escogió enviar sobre nuestra familia mucho sufrimiento. Tuve la tentación de regresar a mi manuscrito original y borrar varios párrafos.

Uno de mis hijos me aconsejó:

— No lo hagas, mamá — me dijo —, cuenta lo que pasó, tal y como pasó. No le quites el honor a Dios de recibir la gloria al permitir que tuviéramos como familia todas esas experiencias. Así lo permitió el Señor.

Llegué a la conclusión que tenía razón. Así sucedieron las cosas, tal como están narradas. En el diario caminar de la vida de nuestra familia, Dios, en su soberanía, varias veces dispuso que pasáramos por "el valle de sombra de muerte". Todos hemos "muerto" un poco con estas experiencias de dolor. Pero, ¿acaso la Biblia nos engaña? ¡No! La Palabra de Dios es cierta e infalible. Nos advierte que ser discípulos comprometidos no será fácil.

Llevo años de tener muy presente Filipenses 1:29.

Porque a vosotros os es concedido a causa de Cristo, no sólo que creáis en él, sino también que padezcáis por él.

El Señor no nos prometió una vida sin sufrimiento. El problema viene cuando pensamos que los cristianos a nuestro alrededor van a pensar mal de nosotros porque tenemos muchos problemas.

No faltó alguien que se acercó y me preguntó: "¿Ya evaluó si su esposo, o uno de sus hijos, ha tenido contacto con la güija, o con el espiritismo, o si permiten en su hogar prácticas satánicas?" Me dolió tanto que aun contarlo aquí me hiere. Y, por supuesto, los comentarios sobraron: "Algún pecado oculto tienen los hermanos Zapata, si no, no les hubiera venido este gran problema." Y por teléfono: "Hermana, Dios me ha revelado que ustedes le hicieron mal a alguien y Él los está castigando."

¡Cuánto dolor hemos tenido que llevar! Pero Cristo también fue muy mal interpretado. "¿De Nazaret puede salir algo de bueno?" (Juan 1:46). Dios, pacientemente, me ha visto llorar largos días.

He aprendido que al tratar de ocultar los problemas y las crisis, y al tratar de seguir poniendo un frente de una familia "super espiritual", de un padre y una madre siempre victoriosos y en control, desperdiciamos muchas energías espirituales y emocionales. Nuestra experiencia ha sido que al ser abiertos y declararnos necesitados de amor y oración, nuestros hermanos nos han rodeado con sus brazos, nos han consolado y han seguido creyendo en nosotros.

La familia cristiana que nos rodea ha venido a sanar nuestras heridas. Así como se habían sucedido comentarios y críticas hirientes, así se multiplicaron los hermanos amantes, fieles y cariñosos que han llegado a llorar con nosotros. Cada mañana que yo abría mis ojos y me preguntaba cómo iba a poder vivir, pues ya no tenía fuerzas para hacerlo, invariablemente alguien llamaba: "Hermana Beatriz, me estoy levantando de mis rodillas. He pasado tiempo orando por ustedes. Tomen ánimo. Dios no los va a abandonar." Todos en la familia experimentamos los lazos de amor y hermandad a nuestro alrededor.

Dios es fiel. No ha permitido que llevemos más de lo que podemos soportar (1 Corintios 10:13). Pasaron los meses en gran llanto y dolor, redundando aun en enfermedades y hospitalización, pero nunca en depresión. Nuestro hogar se ha mantenido lleno de música y alabanza. La presencia dulce y fiel de nuestro amado Jesús llenaba cada rincón. Mi constante consejo a mis hijos era: "Cuiden su corazón, cuiden su corazón. No debe haber amarguras, ni falta de perdón, ni rebeldía contra Dios."

Un bello arco iris

Al cabo de muchos meses apareció un arco iris. ¡Nuestra nuera estaba embarazada! Había un canto de felicidad en todos nosotros. Dios era muy bueno, y tras mucho sufrimiento, nos iba a premiar envíandonos un bebé. Ese bebé iba a secar mis lágrimas; iba a llenarnos la vida y el hogar de risa y alegría.

Los meses se me hicieron muy largos. Me parecía que nunca nacía. Jamás ha venido bebé al mundo más anhelado que éste. Pronto supimos que iba a ser nena. Se preparó el cuarto, pintado con Noé y todos los animalitos que entraron al arca. Había fiestas, regalos y compras. Cuna, ropita, zapatitos; miles de detalles preciosos.

Por fin, llegó el día cuando nuestra dulce joven mamá se apresuró a ir al hospital. Por supuesto, con ella iban todos los Zapata. Nuestro hijo, riéndose, me dijo:

— Mamá, ¿por qué nadie en esta familia puede hacer las cosas solo? ¡Todos tenemos que estar en todo!

Esa noche, a las ocho y treinta, Dios mismo visitó la sala de operaciones. Entró a ver qué pasaba allí. ¿Por qué su hija Any estaba rodeada de médicos? Contempló la dulce y bella bebita que estaba naciendo y dijo: "Esta precocidad es para mí. La quiero conmigo." Y sin preguntarle a nadie (y así debe ser, porque Él es DIOS), se la llevó.

En términos humanos, la bebita murió al nacer. La realidad es que me está esperando en el cielo. Ni siquiera allí le voy a preguntar al Señor por qué. Él es Soberano. Al margen de mi Biblia, en esos duros, tristes y sombríos días, hice una marca en los siguientes versículos:

> *Mira desde el cielo, y contempla desde tu santa y gloriosa morada. ¿Dónde está tu celo, y tu poder, la conmoción de tus entrañas y tus piedades para conmigo? ¿Se han terminado? Pero tú eres nuestro padre . . . nuestro Redentor perpetuo es tu nombre.*

Isaías 63:15-16

Satanás tal vez ha pensado que debido a todo lo que nos ha tocado sufrir alguno de nosotros renunciaría a sus votos al ministerio cristiano. Entre más nos ataca, más nos comprometemos. Hemos hablado mucho de esto en nuestra familia. Ninguno de nosotros está en el ministerio por ganancia, ni por la fama, ni como amuleto para que nos vaya bien. Estamos pagando una deuda de amor eterno: el amor que Dios nos demostró al hacerse hombre, al morir por nosotros y pagar nuestra deuda de pecado, para que nosotros por su pobreza y muerte fuésemos enriquecidos eternamente.

Una noche Junior, nuestro hijo, expresó:

— He pensado decirles que ni esto, ni nada, debe paralizarnos. Sigamos sirviendo, predicando, enseñando, dirigiendo, cantando. Sigamos haciendo de nuestros hogares centro de hospitalidad, abiertos siempre a las necesidades de los demás. El sufrimiento no debe paralizarnos."

Todos nos quedamos pensativos. Pero, al día siguiente, todos estábamos en nuestros puestos de servicio, dando testimonio de la fidelidad de Dios. Estábamos tristes; somos humanos. Nuestra intención no era dar una apariencia de estar felices, en victoria y en control de las circunstancias. Simplemente sabíamos que teníamos que seguir sirviendo a pesar de que estábamos pasando tiempos difíciles. En medio del dolor había abundancia de gozo, y el gozo del Señor fue nuestra fortaleza.

Lecciones sacadas del sufrimiento

Quiero compartirle algunas lecciones que Dios me ha enseñado a través del sufrimiento:

1. Dios es mi Padre, bueno y amoroso. Nunca me dará algo malo.
2. Dios es soberano. Él es Dios. Si Él lo permitió, es porque así le pareció.
3. Debe haber evaluación personal. ¿Hay pecado oculto? ¿Provoqué yo tal situación? ¿Cuál es mi actitud interior y exterior ante esta prueba? ¿Cuál es mi actitud hacia Dios?
4. Cuando prometo orar por alguien en crisis, debo cumplirlo. Las oraciones del pueblo de Dios son muy importantes en momentos de dolor.

5. Hay que trabajar por la unión y el amor entre los miembros de la familia, como medicina preventiva para cuando venga la crisis. En esos momentos, nos necesitamos unos a otros.

6. No soy de este mundo. Estoy de paso, y aún no he llegado a mi hogar final.

7. No puedo ni debo evitarle el sufrimiento a mis hijos. No debo meterme en la obra que el cincel de Dios está aplicando a sus vidas. Mi actitud debe ser de servicio y amor. Escucharlos, amarlos, servirles . . . pero *no* dar mi opinión cuando no debo, ni dejarlos renegar contra Dios. Ellos tienen que pasar por sus sufrimientos para conocer a su Dios, para aprender las lecciones que Él tiene para ellos y para ser probados y salir como el oro, refinados y listos para el servicio a su Dios. Mis brazos y besos están allí, pero el verdadero consuelo lo da el Espíritu Santo. Algún día yo ya no estaré con ellos. Ellos deben aprender que dependen únicamente de Dios. Yo sólo soy MAMÁ, no soy DIOS.

8. Nada que me suceda me puede separar del amor de Dios. ¿Suena trillado? Sí, pero desde que Pablo lo escribió en su carta a los Romanos, ha sido el apoyo de millones de cristianos que sufren. Permítanme parafrasearlo: ¿Crítica? ¿mal entendidos? ¿pobreza? ¿chismes? ¿abandono? ¿soledad? ¿muerte? ¡NO! ¡NADA me apartará del amor de Dios en Cristo!

Así llego al término de este relato. Tengo que admitir que con cada párrafo me convencí más que una mamá no puede hacerlo sola. Cuando menos yo no pude. Tuve que acudir al recurso fortalecedor y eterno de la presencia de Dios, real y diaria en todas las esferas de mi vida. Cualquier persona que no cuente con este recurso, va a fallar.

La presencia de Dios en el corazón se experimenta sólo de una manera: por medio de Jesucristo. Cuando el corazón se abre voluntariamente para dejarlo entrar como Salvador y Señor, principia la gran aventura del cambio interior, de la renovación del patrón de pensamiento, del cambio de valores y prioridades, del deseo profundo de hacer solamente lo que a Él le agrada. Entonces se cumple el propósito por el cual Dios nos permite llegar a ser madres.

Estoy plenamente convencida de que soy madre, no por un proceso natural biológico sino porque Dios puso su mano creadora sobre mi vientre y así lo permitió. Dejo testimonio público de mi agradecimiento a Dios por haberme dado ese privilegio. Pero tuve que ejercer mi libre albedrío y voluntad para dejar que Él me cincelara y me puliera a través de cada etapa de mi peregrinaje maternal.

En cada etapa Dios fue fiel y confío que Él seguirá siendo fiel hasta mi última etapa.

Las palabras de un himno escrito por mi hijo cierran este relato. Ellas interpretan mi gratitud a Dios por haberme dado el privilegio y honor de ser madre.

De mi vida haré una canción,
Melodía grata a tu corazón.
Tu alabanza yo quiero cantar,
Pues tú eres digno de adorar.

Tú eres digno de adorar,
A ti elevo mi canción.
¡Eres digno de mi adoración!
Tú, sólo tú, recibirás la gloria, el poder,
Y la alabanza de todo mi ser.

Hoy mi alma se regocija en ti.
Maravillas has hecho en mí.
Ante ti mis manos quiero alzar,
Pues tú eres digno de adorar.

Nos agradaría recibir noticias suyas.
Por favor, envíe sus comentarios sobre este libro
a la dirección que aparece a continuación.
Muchas gracias.

Editorial Vida
7500 NW 25 Street, Suite 239
Miami, Florida 33122

Vidapub.sales@zondervan.com
http://www.editorialvida.com